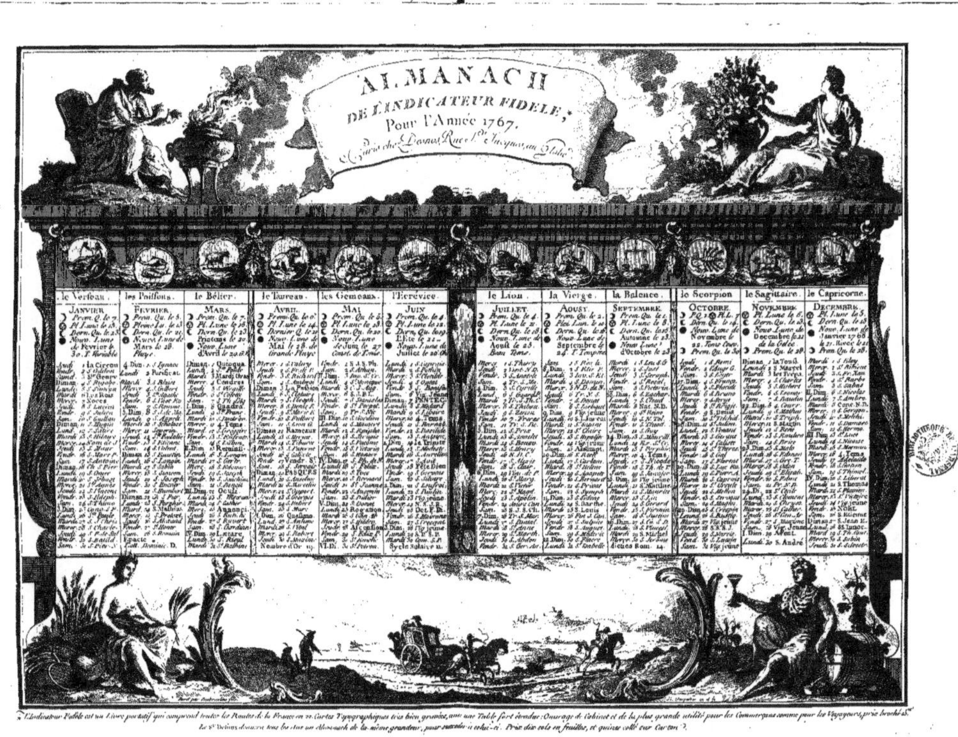

ALMANACH
DE L'INDICATEUR FIDELE,*
Pour l'Année 1767.
A Paris chez Desnos, Rue S.te Jacques, au Globe
le Verseau.
les Poissons.
le Bélier.
le Taureau.
les Gemeaux.
l'Ecrevice.
le Lion.
la Vierge.
la Balence.
le Scorpion
le Sagittaire.
le Capricorne.
JANVIER
FEVRIER
MARS.
AVRIL.
MAI
JUIN
JUILLET.
AOUST.
SEPTEMBRE.
OCTOBRE.
NOVEMBRE.
DECEMBRE.
* L'Indicateur Fidèle est un Livre portatif qui comprend toutes les Routes de la France en 22 Cartes Typographiques très bien gravées, avec une Table fort étendue : Ouvrage de Cabinet et de la plus grande utilité pour les Commerçans comme pour les Voyageurs, prix broché 15.
Le S.r Desnos donnera tous les ans un Almanach de la même grandeur, pour succéder à celui-ci. Prix dix sols en feuilles, et quinze collé sur Carton.

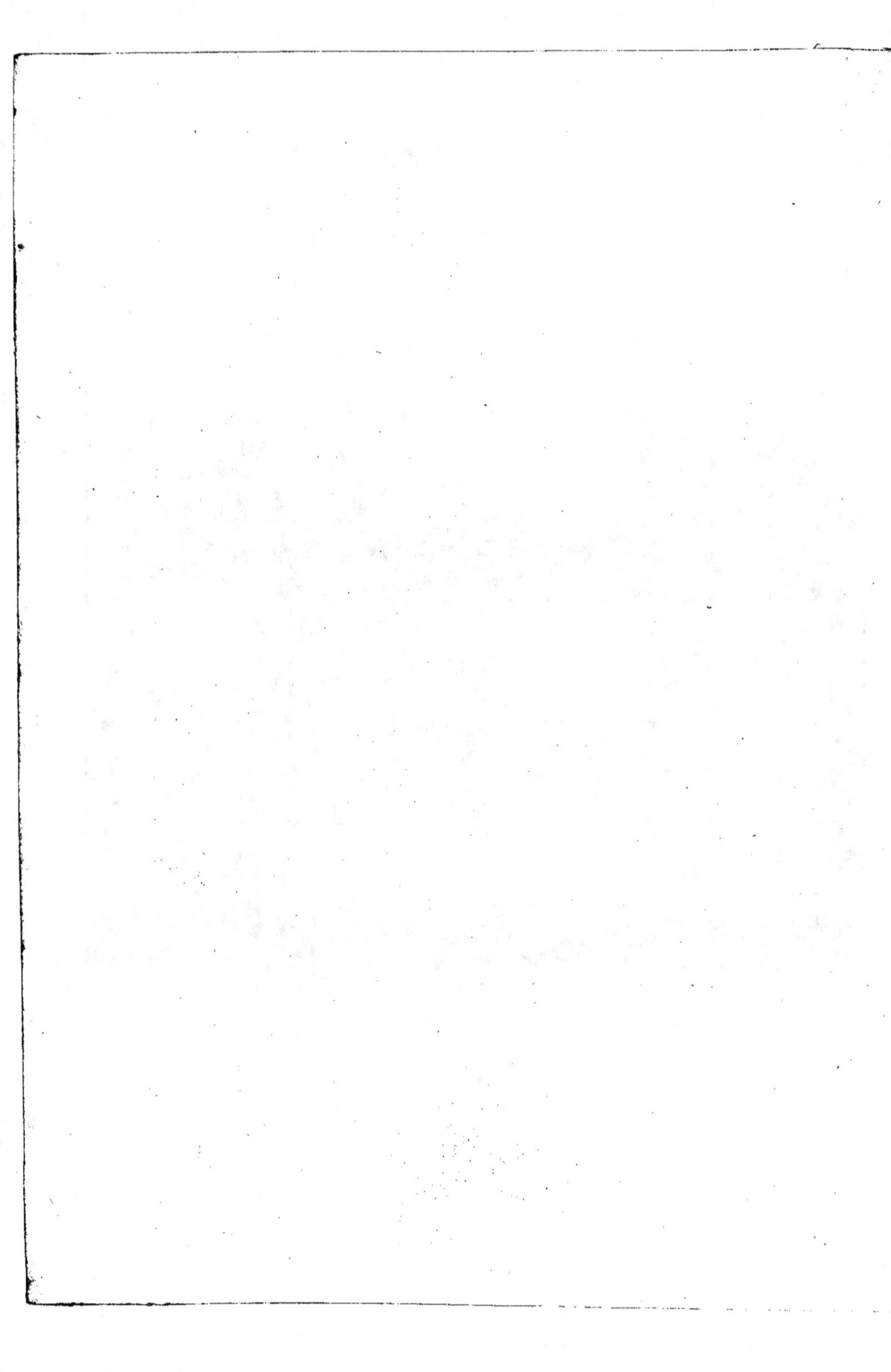

L'INDICATEUR FIDÈLE
ou Guide des Voyageurs,

QUI ENSEIGNE

(Toutes les Routes Royales et Particulières de la France, Routes levées Topographiquem.t dès le Commencement de ce Siècle, et Assujetties à une Graduation Géométrique,

CONTENANT

Toutes les Villes, tous les Bourgs, Villages, Hameaux, Fermes, Châteaux, Abbayes, Communautés, Eglises, Chapelles, et autres Maisons Religieuses; les Moulins, les Hôtelleries, les Justices, et les Limites des Provinces; les Fleuves, les Rivières, les Ruisseaux, les Etangs, les Marais, les Ponts, les Gués, les Montagnes, les Bois, les Jardins, les Parcs, les Avenües, et les Prairies, traversés par les Grandes Routes &c.

ACCOMPAGNÉ

D'Un Itinéraire Instructif et raisonné sur chaque Route, qui donne le Jour et l'heure du Départ, de la Dinée et de la Couchée tant des COCHES par Eau, que des CAROSSES, DILIGENCES et MESSAGERIES du Royaume, avec le Nombre des Lieuës que ces différentes Voitures font chaque jour.

DRESSÉ PAR LE SIEUR MICHEL,

Ingénieur Géographe du Roy à l'Observatoire.

Mis au Jour et Dirigé Par Le S.r DESNOS Ingénieur Géographe pour les Globes, Sphères et Instrumens de Mathématiques.

A PARIS.

Rue S.t Jacques à l'Enseigne du Globe.

Avec Privilège du Roy.

3e Edition Corrigé, et Considérablement Augmenté, en 1767.

N.B. Personne ne doit ignorer Combien cet Ouvrage a coûté de Peines et de Soins pendant plusieurs Années pour le rendre digne du Public les susd. Sieurs persuadés de l'Avantage que l'Indicateur Fidèle ou Guide des Voyageurs peut procurer aux Commerçans, Navigateurs, Voyageurs et à tous ceux qui seront Curieux de s'Instruire de la Distance d'un lieu à un autre, Se Flattet de l'avoir rendu si Complet que les Amateurs y trouveront tout ce qu'on peut desirer dans un Ouvrage où l'on n'a rien Epargné pour le porter à la Perfection dont il Etoit Susceptible.

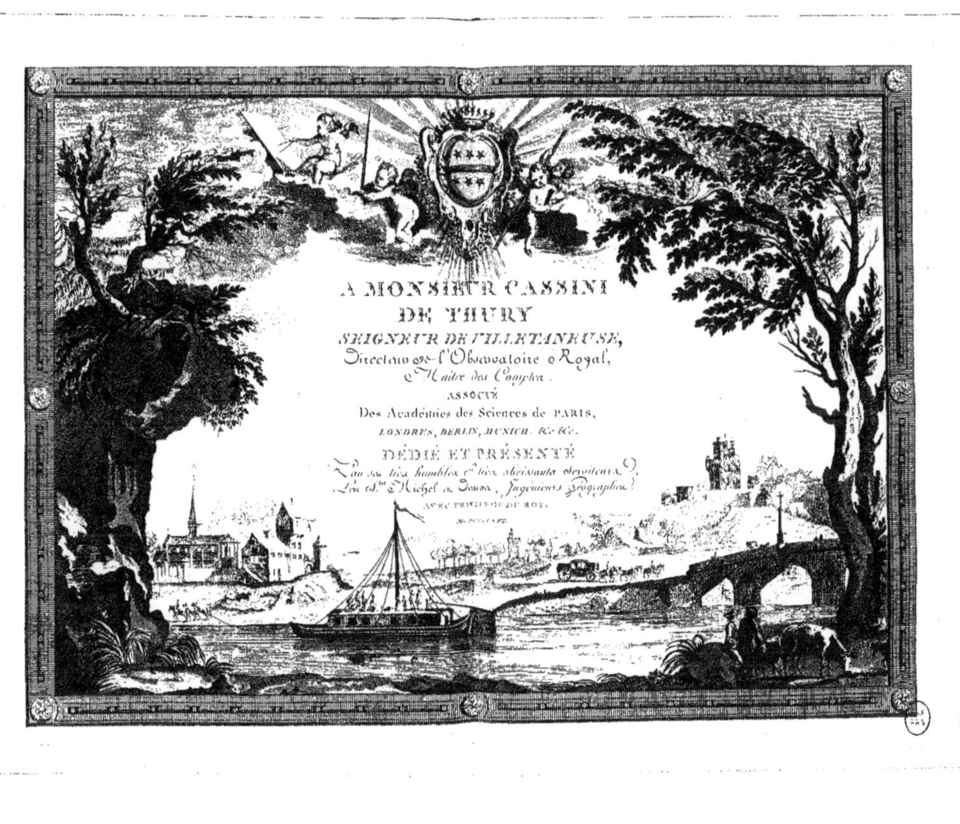
A MONSIEUR CASSINI
DE THURY
SEIGNEUR DE VILLETANEUSE,
Directeur de l'Observatoire Royal,
Maître des Comptes.
ASSOCIÉ
Des Académies des Sciences de PARIS,
LONDRES, BERLIN, MUNICH. &c &c.
DÉDIÉ ET PRÉSENTÉ
Par ses très humbles et très obéissants serviteurs,
Les Srs Michel et Desnos, Ingénieurs Géographes.
AVEC PRIVILEGE DU ROY.

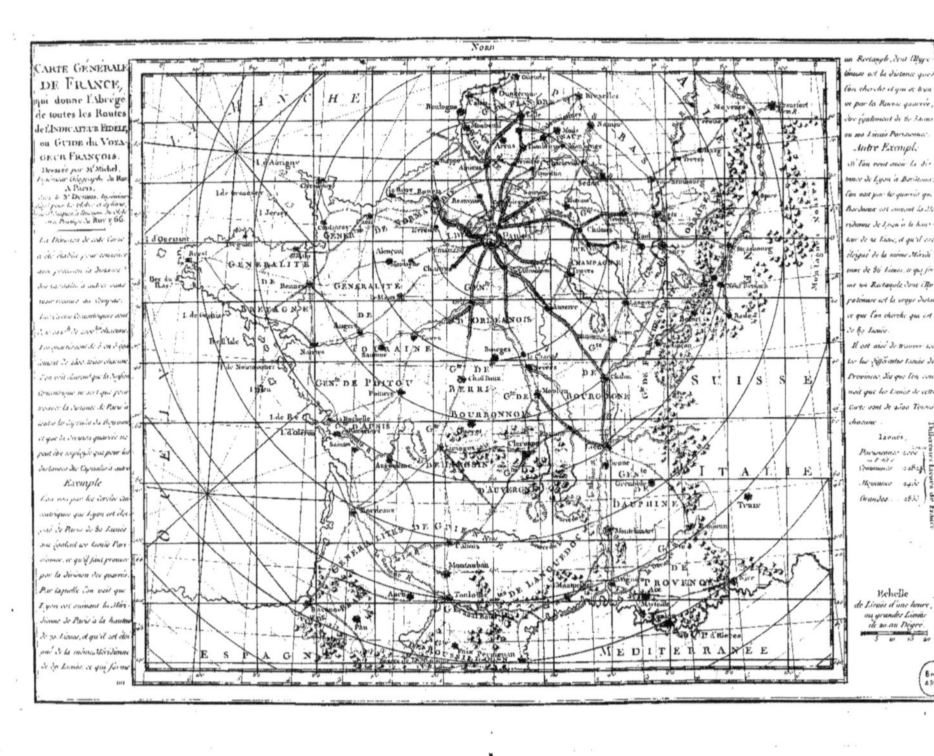

Carte Générale de France, qui donne l'Abrégé de toutes les Routes de l'Indicateur Fidele, ou Guide du Voyageur François.
Dressée par M.r Michel,
A Paris,
Exemple
Autre Exemple
Nord
Manche
Pays Bas
Suisse
Italie
Espagne
Méditerranée
Généralité de Rennes
Bretagne
Généralité de Tours
Gén.té de Poitou
Touraine
Berri
Bourbonnois
Champagne
Gén.té de Bourgogne
Dauphiné
Provence
Languedoc
Généralités de Guienne
Paris
Lyon
Bordeaux
Toulouse
Montauban
Marseille
Strasbourg
Turin
Echelle de Lieues d'une heure, ou grandes Lieues de 20 au Degré

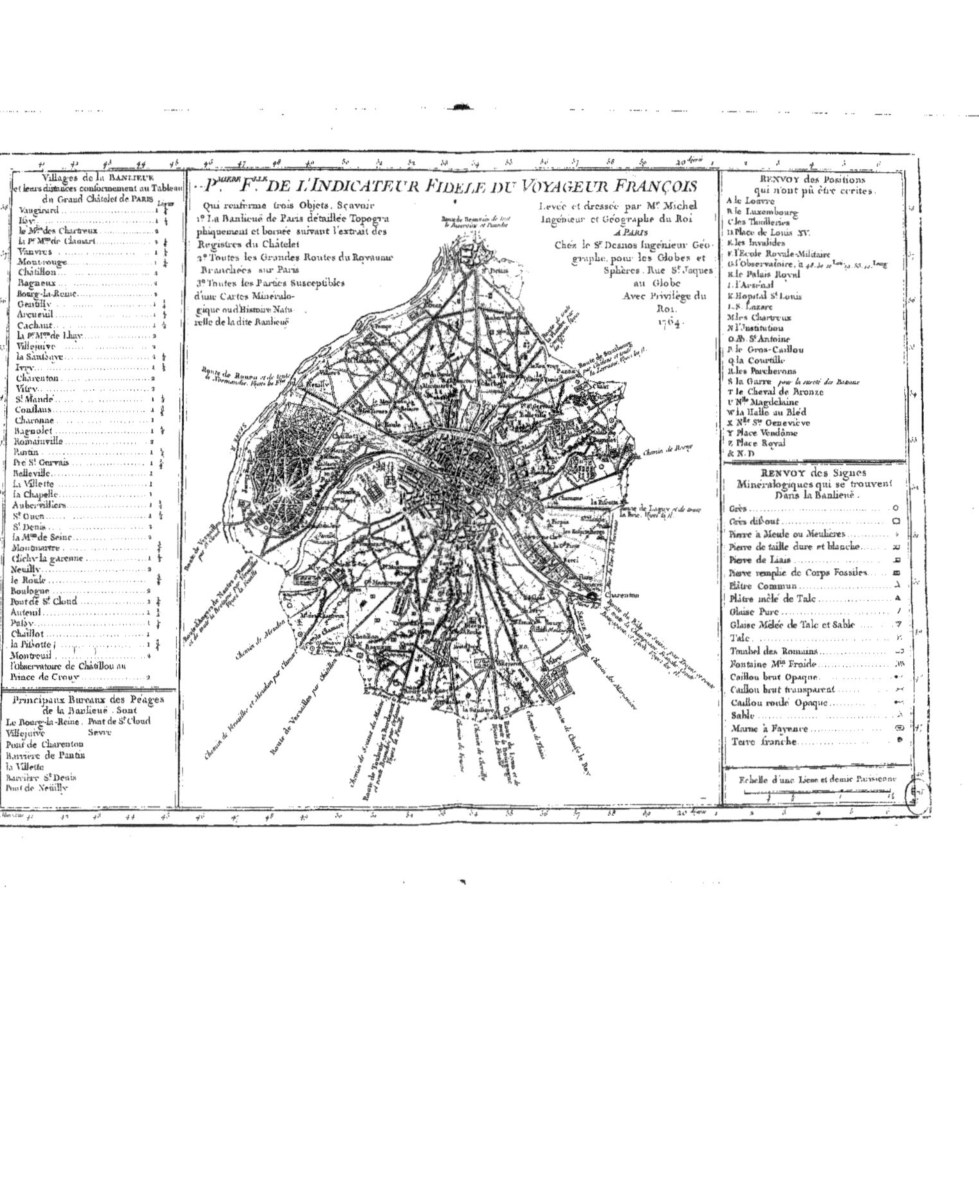
P.iere F.ille DE L'INDICATEUR FIDELE DU VOYAGEUR FRANÇOIS
Qui renferme trois Objets, Sçavoir
1° La Banlieuë de Paris détaillée Topographiquement et bornée suivant l'extrait des Registres du Châtelet
2° Toutes les Grandes Routes du Royaume Branchées sur Paris
3° Toutes les Parties Susceptibles d'une Cartes Minéralogique ou d'Histoire Naturelle de la dite Banlieuë
Levée et dressée par Mr. Michel Ingénieur et Géographe du Roi
A PARIS
Chéz le Sr. Desnos Ingénieur Géographe, pour les Globes et Sphères. Rue St. Jaques au Globe
Avec Privilège du Roi.
1764.
Villages de la BANLIEUE et leurs distances conformement au Tableau du Grand Châtelet de PARIS
Vaugirard
le Mlin des Chartreux
Vanvres
Montrouge
Châtillon
Bagneux
Bourg-la-Reine
Gentilly
Arcueuil
Cachant
Villejuive
Ivry
Charenton
Vitry
St. Mandé
Conflans
Charonne
Bagnolet
Romainville
Pantin
Pré St. Gervais
Belleville
La Villette
la Chapelle
Aubervilliers
St. Ouen
St. Denis
la Mlin de Seine
Montmartre
Clichy-la garenne
Neuilly
le Roule
Boulogne
Pont de St. Cloud
Auteuil
Passy
Chaillot
Montreuil
l'observatoire de Châtillon au Prince de Crouy
Principaux Bureaux des Péages de la Banlieuë. Sont
Le Bourg-la-Reine
Pont de St. Cloud
Villejuive
Sevre
Pont de Charenton
Barrière de Pantin
la Villette
Barrière St. Denis
Pont de Neüilly
RENVOY des Positions qui n'ont pû être ecrites.
A le Louvre
B le Luxembourg
C les Thuilleries
D Place de Louis XV.
E les Invalides
F l'Ecole Royale-Militaire
H le Palais Royal
I l'Arsénal
K Hopital St. Louis
M les Chartreux
N l'Institution
O Ab. St. Antoine
P le Gros-Caillou
Q la Courtille
R les Porcherons
S la Garre pour la sureté des Bateaux
T le Cheval de Bronze
U Nlle Magdelaine
W la Halle au Bléd
X Nlle Ste Genevieve
Y Place Vendôme
Z Place Royal
& N.D
RENVOY des Signes Minéralogiques qui se trouvent Dans la Banlieuë.
Grès
Grès dissout
Pierre à Meule ou Meulieres
Pierre de taille dure et blanche
Pierre de Liais
Pierre remplie de Corps Fossiles
Plâtre Commun
Plâtre mêlé de Talc
Glaise Pure
Glaise Mêlée de Talc et Sable
Talc
Tombel des Romains
Fontaine Mle Froide
Caillou brut Opaque
Caillou brut transparent
Caillou roulé Opaque
Sable
Marne à Fayence
Terre franche
Echelle d'une Lieue et demie Parisienne
Route de Rouen et de toute la Normandie
Route de Strasbourg par Châlons et toute la Lorraine
Chemin de Meudon
Charenton

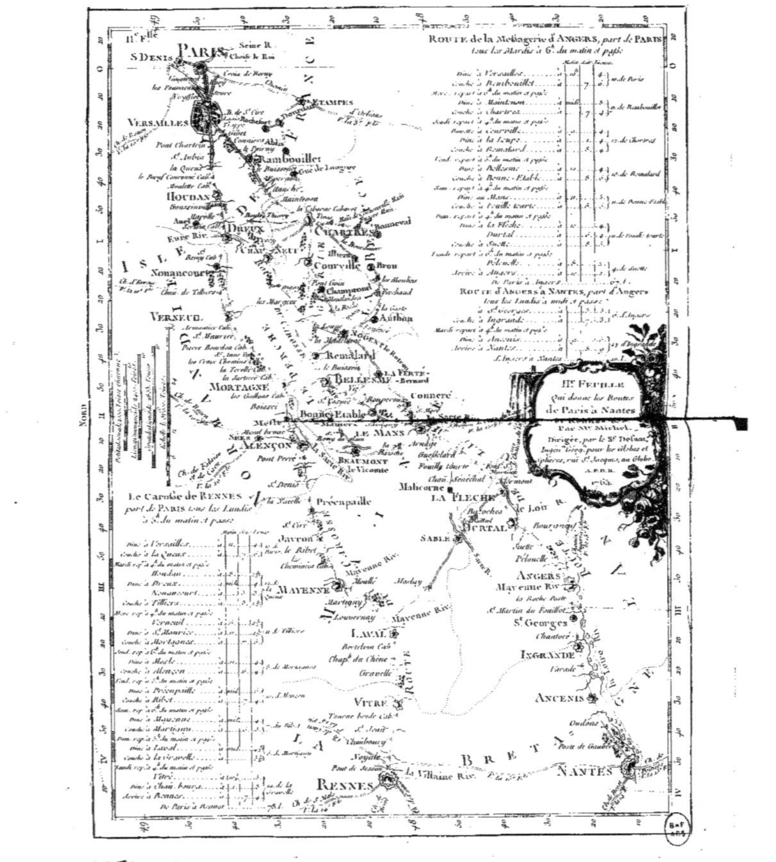
NORD
IIe Fle
Route de la Messagerie d'Angers, part de Paris tous les Mardis à 6h du matin et passe
Route d'Angers à Nantes, part d'Angers tous les Lundis à midi et passe
Le Carosse de Rennes part de Paris tous les Lundis à 5h du matin et passe
IIe Feuille Qui donne les Routes de Paris à Nantes
Dirigée par le Sr Desnos, Ingén. Géog. pour les Globes et Sphères, rue St Jacques, au Globe
1763
Paris
S. Denis
Versailles
Etampes
Rambouillet
Houdan
Dreux
Chartres
Nonancourt
Verneuil
Courville
Mortagne
Alençon
Bellesme
Le Mans
La Fleche
Durtal
Angers
St Georges
Ingrande
Ancenis
Nantes
Mayenne
Laval
Vitré
Rennes
Isle de France
Bretagne

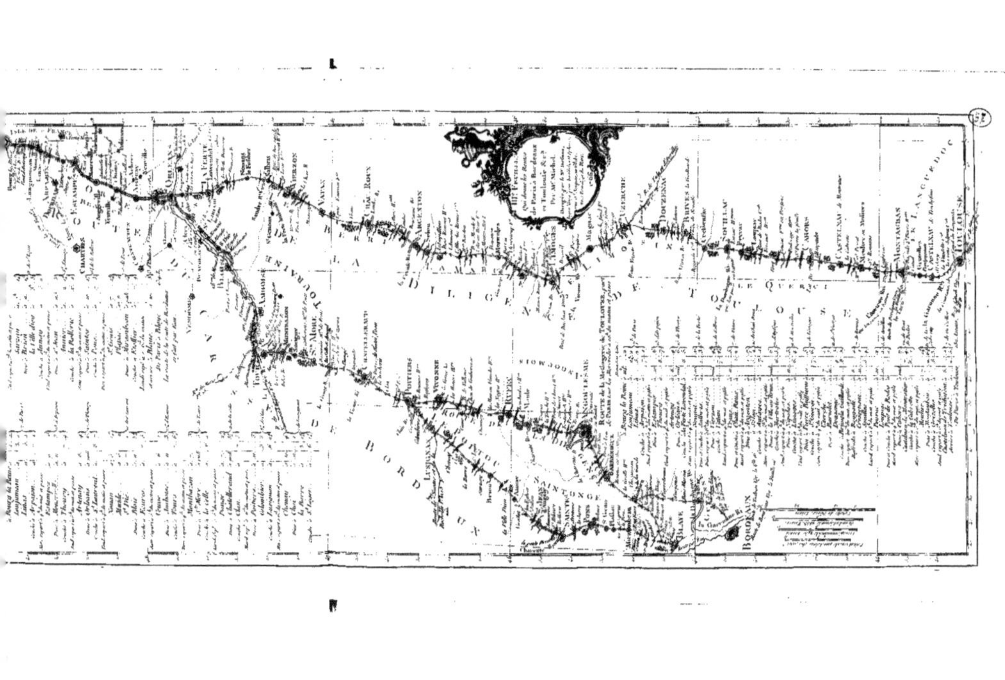

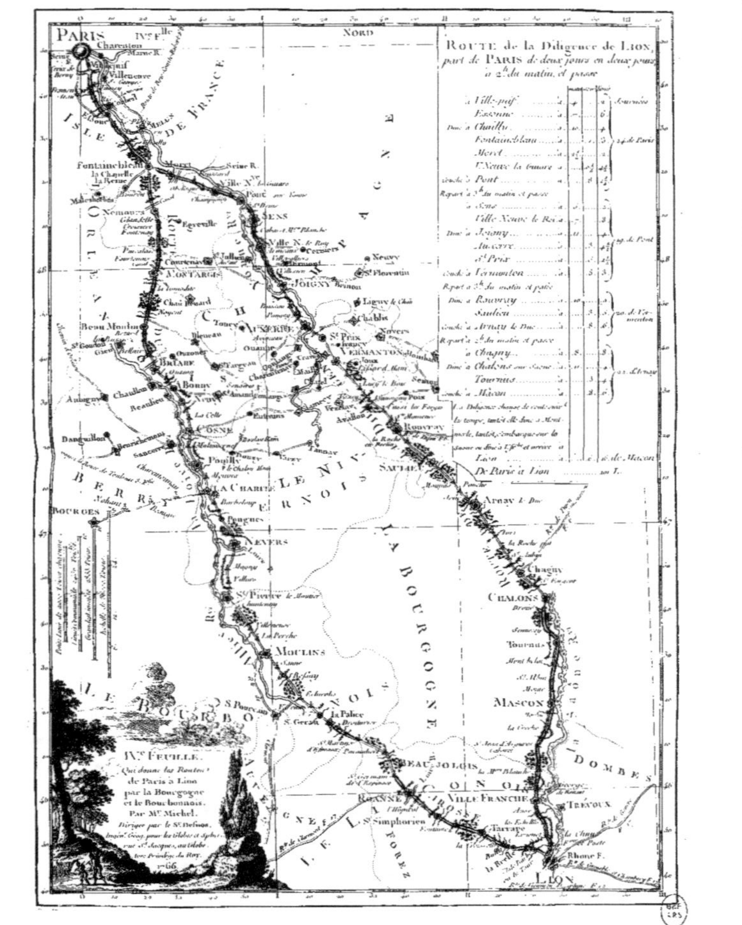

ROUTE de la Diligence de LION, part de PARIS de deux jours en deux jours à 2.h du matin, et passe
De Paris à Lion
IV.e FEUILLE.
de Paris à Lion
par la Bourgogne
et le Bourbonnois.
Par M.r Michel.
1766
NORD
PARIS
Charenton
Villejuif
Villeneuve
Fontainebleau
Nemours
Sens
Joigny
Montargis
Auxerre
Vermanton
Rouvray
Saulieu
Arnay le Duc
Chagny
Chalons
Tournus
Mascon
Ville Franche
Trévoux
Lion
Nevers
Moulins
la Palice
Roanne
S.t Simphorien
Bourges
Cosne
La Charité
Briare
Bonny
Pouilly
ISLE DE FRANCE
ORLEANOIS
BERRY
LE NIVERNOIS
LA BOURGOGNE
BEAUJOLOIS
DOMBES
FOREZ

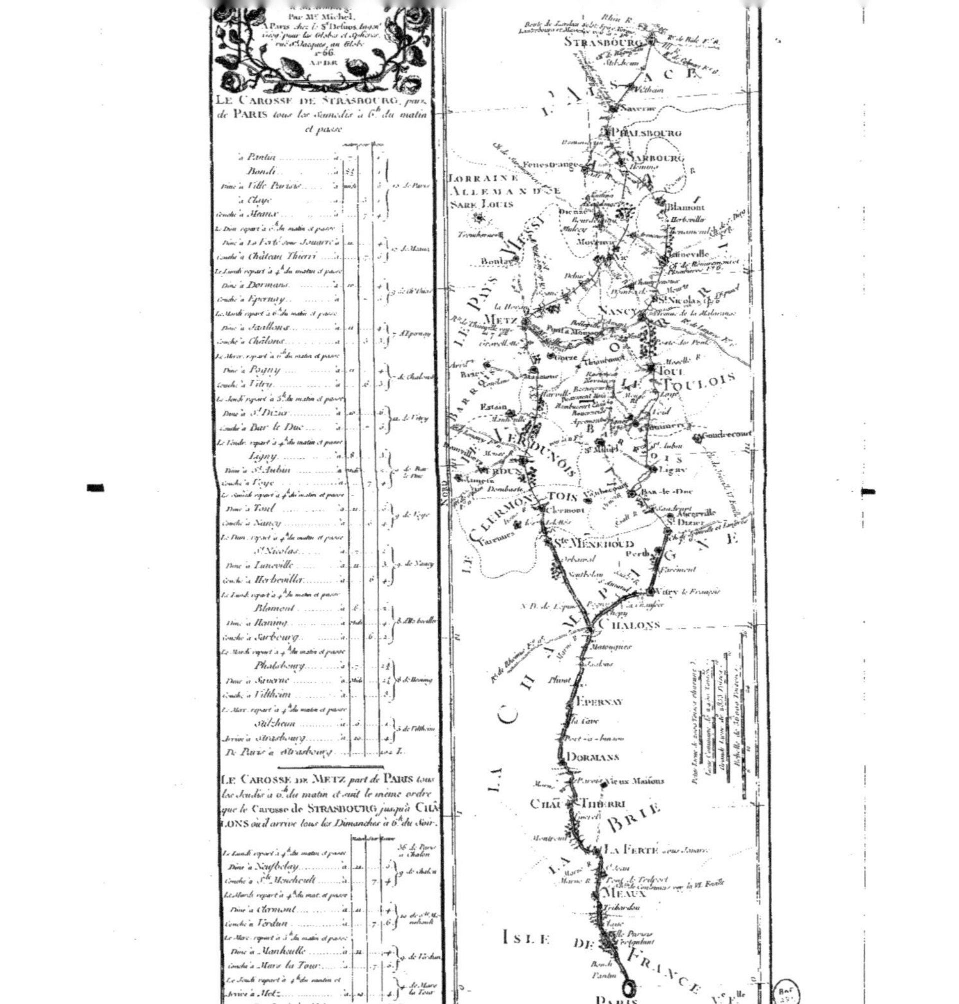
Par Mr. Michel.
A Paris chez le Sr. Desnos Ingr. Géog. pour les Globes et Sphères, rue St. Jacques, au Globe
1766.
A.P.D.R.
LE CAROSSE DE STRASBOURG, part de PARIS tous les Samedis à 6h. du matin et passe
à Pantin
Bondi
Dine à Ville Parisis
à Claye
Couche à Meaux
Le Dim. repart à 6h. du matin et passe
Dine à La Ferté sous Jouarre
Couche à Château Thierri
Le Lundi repart à 4h. du matin et passe
Dine à Dormans
Couche à Epernay
Le Mardi repart à 6h. du matin et passe
Dine à Jaallons
Couche à Châlons
Le Merc. repart à 6h. du matin et passe
Dine à Pogny
Couche à Vitry
Le Jeudi repart à 5h. du matin et passe
Dine à St. Dizier
Couche à Bar le Duc
Le Vendr. repart à 4h. du matin et passe
Ligny
Dine à St. Aubin
Couche à Voye
Le Samedi repart à 4h. du matin et passe
Dine à Toul
Couche à Nancy
Le Dim. repart à 4h. du matin et passe
St. Nicolas
Dine à Luneville
Couche à Herbeviller
Le Lundi repart à 4h. du matin et passe
Blamont
Dine à Heming
Couche à Sarbourg
Le Mardi repart à 4h. du matin et passe
Phalsbourg
Dine à Saverne
Couche à Villheim
Le Merc. repart à 4h. du matin et passe
Stilzheim
Arrive à Strasbourg
De Paris à Strasbourg ... 102 L.
LE CAROSSE DE METZ part de PARIS tous les Jeudis à 6h. du matin et suit le même ordre que le Carosse de STRASBOURG jusqu'à CHALONS où il arrive tous les Dimanches à 6h. du Soir.
Le Lundi repart à 4h. du matin et passe
Dine à Neufbelay
Couche à Ste. Menehoult
Le Mardi repart à 4h. du mat. et passe
Dine à Clermont
Couche à Verdun
Le Merc. repart à 3h. du matin et passe
Dine à Manheulle
Couche à Mars la Tour
Le Jeudi repart à 4h. du matin et
Arrive à Metz
De Paris à Metz ... 68 L.
STRASBOURG
L'ALSACE
Saverne
Phalsbourg
Sarbourg
LORRAINE ALLEMANDE
Sare Louis
Blamont
Luneville
St. Nicolas
NANCY
METZ
Pont à Mousson
LE PAYS MESSIN
TOUL
LE TOULOIS
VERDUN
LE VERDUNOIS
Ligny
Bar-le-Duc
Gondrecourt
LE CLERMONTOIS
Clermont
Ste. Menehoud
Vitry le François
CHALONS
LA CHAMPAGNE
EPERNAY
DORMANS
CHÂTEAU THIERRI
LA BRIE
LA FERTÉ sous Jouarre
MEAUX
ISLE DE FRANCE
PARIS
NORD

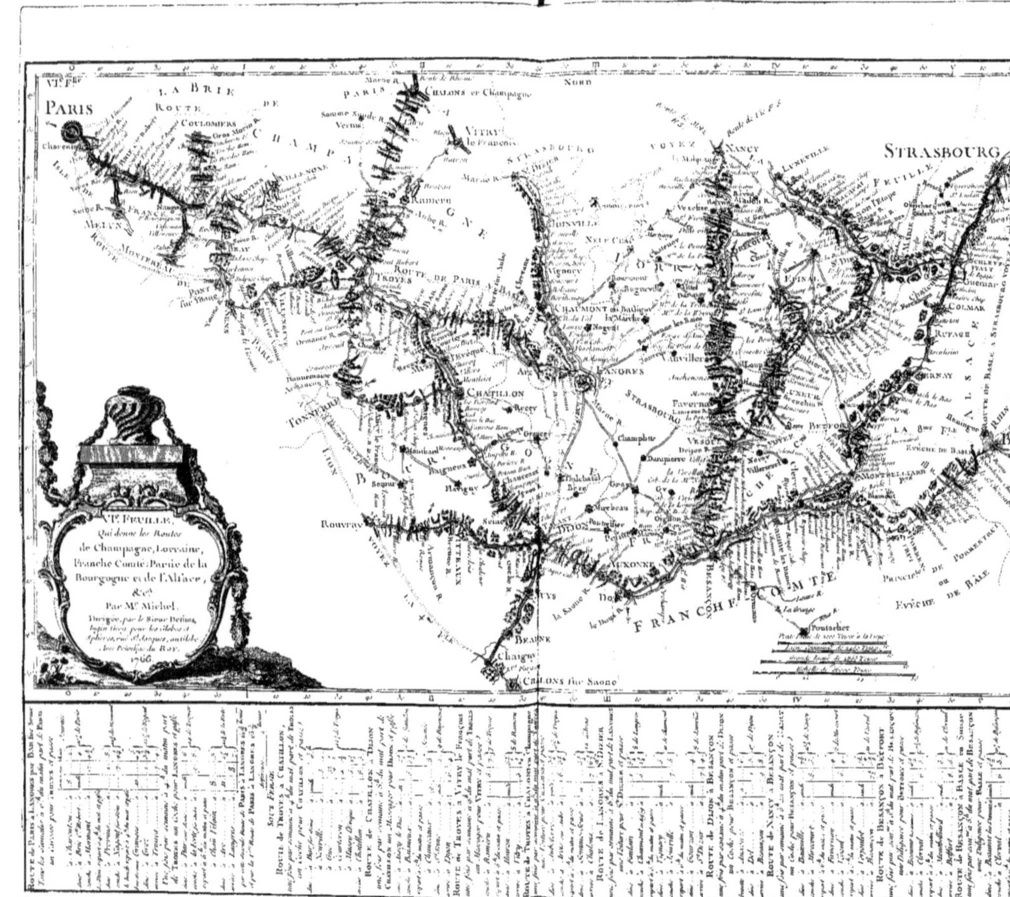
VIe. FEUILLE,
Qui donne les Routes
de Champagne, Lorraine,
Franche Comté: Partie de la
Bourgogne et de l'Alsace,
&ca.
Par Mr. Michel,
1766.
PARIS
LA BRIE
COULOMIERS
CHALONS en Champagne
VITRY le François
NANCY
STRASBOURG
JOINVILLE
CHAUMONT en Bassigny
LANGRES
CHATILLON
TONNERRE
DIJON
AUXONNE
BESANÇON
BEAUNE
CHALONS sur Saone
COLMAR
FRANCHE COMTE
ALSACE

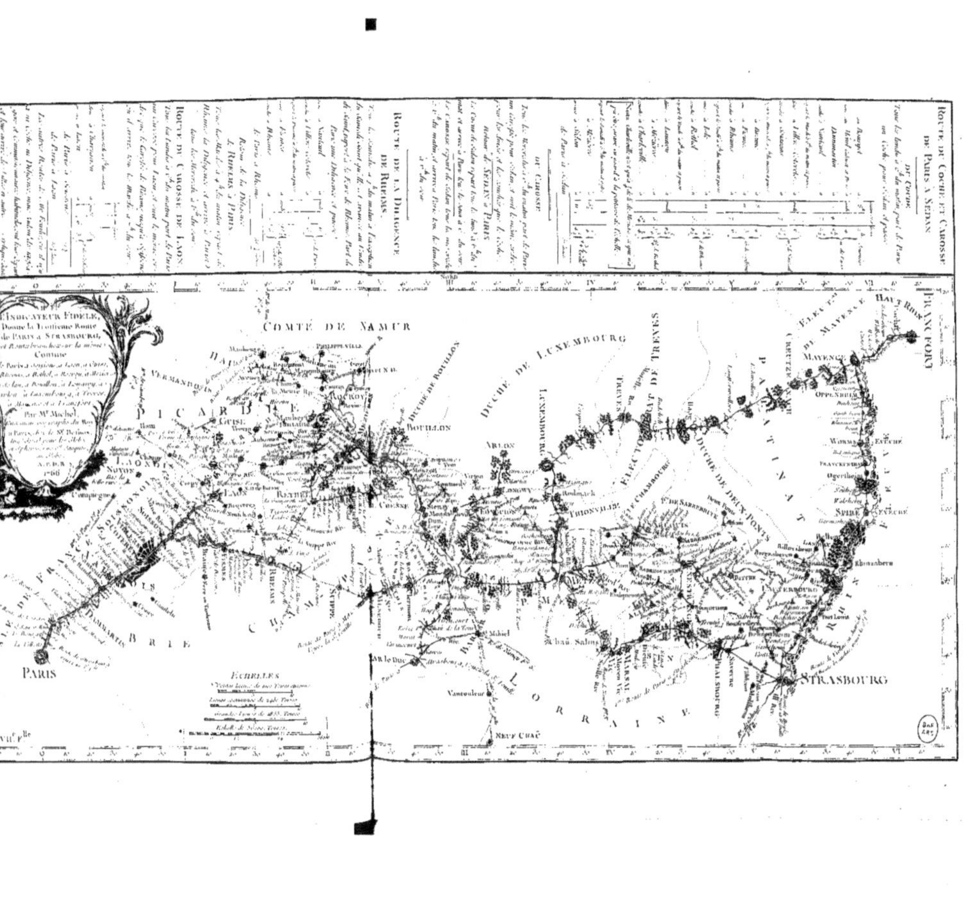

ROUTE DU COCHE ET CAROSSE DE PARIS A SEDAN
DU COCHE
DU CAROSSE
Retour de SEDAN à PARIS
ROUTE DE LA DILIGENCE DE RHEIMS
Retour de la Diligence de RHEIMS à PARIS
ROUTE DU CAROSSE DE LAON
L'INDICATEUR FIDELE
Par Mr. Michel
COMTÉ DE NAMUR
PICARDIE
DUCHE DE LUXEMBOURG
DUCHE DE BOUILLON
DUCHE DE DEUX PONTS
PALATINAT
LORRAINE
BRIE
PARIS
STRASBOURG
FRANCFORT
MAYENCE
TREVES
LUXEMBOURG
BOUILLON
ARLON
THIONVILLE
RHEIMS
SUIPPE
NEUF CHAU
PHALSBOURG
ECHELLES

2

1

5

3

4

2

2

1

4

5

4

3

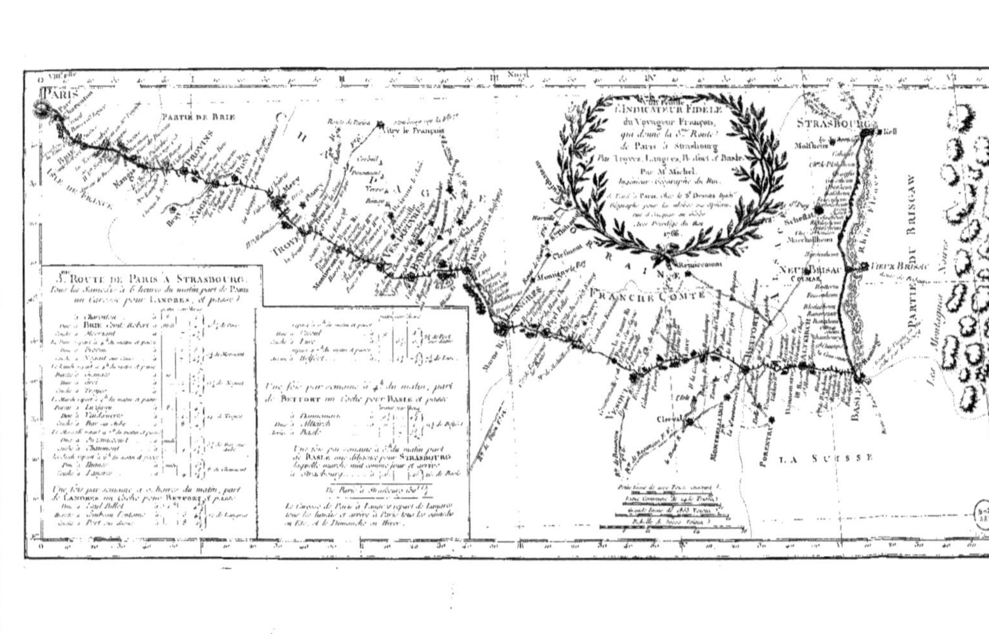
L'INDICATEUR FIDELE
du Voyageur François,
qui donne la 8.me Route
de Paris à Strasbourg
Par Troyes, Langres, Befort et Basle.
Par M.r Michel.
1766.
PARIS
PARTIE DE BRIE
PROVINS
NOGENT
TROYES
BAR
CHAUMONT
LANGRES
VESOUL
BEFFORT
STRASBOURG
Kell
NEUF BRISAC
COLMAR
VIEUX BRISAC
BASLE
LA SUISSE
FRANCHE COMTE
PARTIE DU BRISGAW
Remiremont
Porentru
Clerval
Montbeliard
8.me ROUTE DE PARIS A STRASBOURG.

Grandes Routes des Prov.ces de Picardie, de Thierache, d'Artois, de Hainaut, de la Flandre et Pays-Bas.

Route de Paris à Lille en Flandre,

De deux en deux jours à minuit part de Paris une diligence pour Lille et passe

matin, soir, heures.

- à Louvres
- à Senlis
- à Pont
- Dine à Gournay
- à Roye
- Couche à Péronne
- Repart à [illegible] du matin et passe
- Dine à Cambray
- à Douay
- Arrive à Lille

Route de Paris à Valenciennes,

[illegible]

- de Paris à Cambray
- de Cambray à Valenciennes

Route de Paris à Dunkerque

De deux en deux jours à minuit part de Paris une diligence pour Dunkerque qui suit le même ordre que celle de Lille où elle couche, repart le lendemain à [illegible] du matin et passe

matin, soir, heures.

- à Armentières
- à Bailleul
- Dine à Cassel
- à Bergues
- Arrive à Dunkerque
- de Paris à Lille
- de Paris à Dunkerque

Route de Paris à Bruxelles,

De deux en deux jours à minuit part de Paris une diligence pour Bruxelles [illegible]

matin, soir, heures.

- à Quiévrain
- Dine à Mons
- à Braine le Comte
- Arrive à Bruxelles
- de Paris à Valenciennes
- de Paris à Bruxelles

Route de Paris à Arras,

Tous les mardis et vendredis à 5h du matin part de Paris un carosse pour Arras et passe

matin, soir, heures.

- Dine à Louvres
- à Senlis
- Couche à Pont
- Repart à 6h du matin et passe
- Dine à Gournay
- Couche à Roye
- Repart à 6h du matin et passe
- Dine à [illegible]
- Couche à Péronne
- Repart à 6h du matin et passe
- Dine à Bappaume
- Arrive à Arras

Route de Paris à St Quentin

Tous les lundis et jeudis à 5h du matin part de Paris un carosse pour St Quentin et passe

matin, soir, heures.

- Dine à Louvres
- Couche à la Neuville
- Repart à 6h du matin et passe
- à Verberie
- Dine à Compiègne
- Couche à Noyon
- Repart à 6h du matin et passe
- Dine à Ham
- Arrive à St Quentin

N.B. En Hyver, les diligences de Lille, Valenciennes, Dunkerque et Bruxelles.

Dine à Pont, couche à Roye, dine à Péronne, couche à Cambray, et arrive à dîner à Lille et Valenciennes, et repartent le lendemain pour les autres endroits.

Le Carosse d'Arras pour Paris, repart d'Arras, tous les mardis et vendredis à 5h du matin, et suit le même ordre qu'en allant, et arrive à Paris tous les lundis et vendredis à [illegible] du soir.

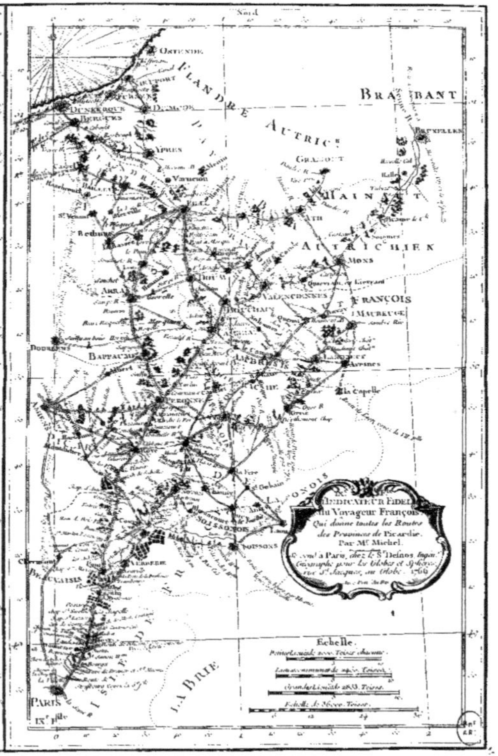

L'Indicateur Fidèle ou Voyageur François Qui donne toutes les Routes des Provinces de Picardie. Par Mr Michel.

Se vend à Paris, chez le Sr Desnos Ingénieur Géographe pour les Globes et Sphères rue St Jacques, au Globe. 1766

Nord

Flandre Autriche

Brabant

Hainaut Autrichien

Hainaut François

Laonois

La Brie

Echelle.

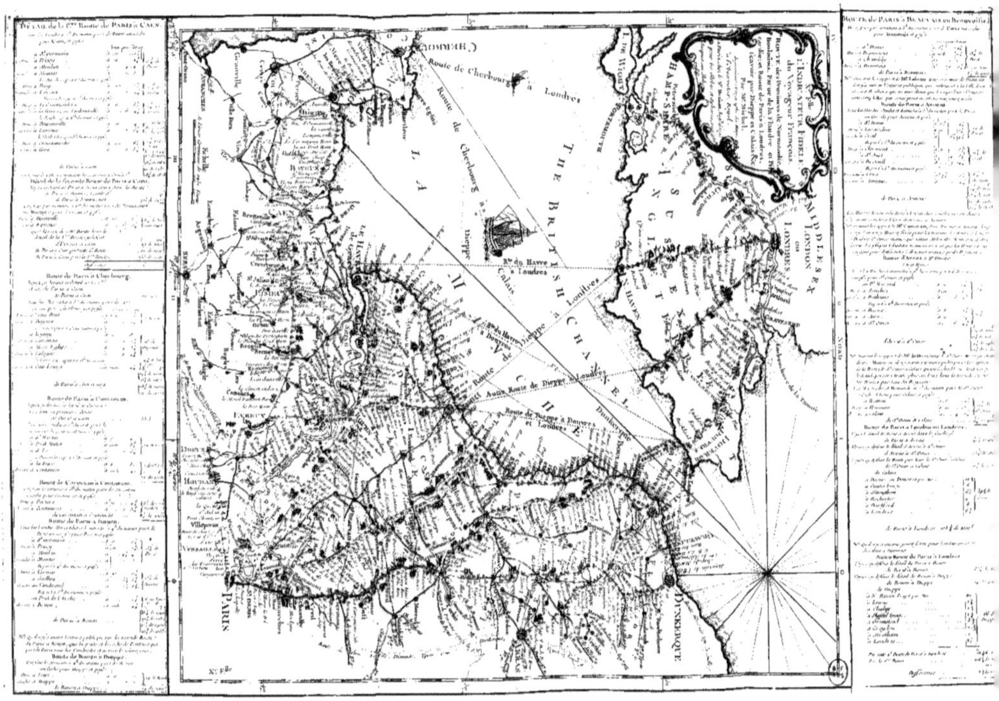

Route de Paris à Cherbourg.
Route de Paris à Coutances.
Route de Paris à Rouen.
Route de Rouen à Dieppe.
Route de Paris à Amiens.
Route de Cherbourg à Londres
THE BRITISH CHANNEL
Rte du Havre à Londres
Route de Dieppe à Londres
Route de Dieppe à Douvres et Londres
CAEN
BAYEUX
PARIS
DUNKERQUE
LONDRES
MIDDLESEX

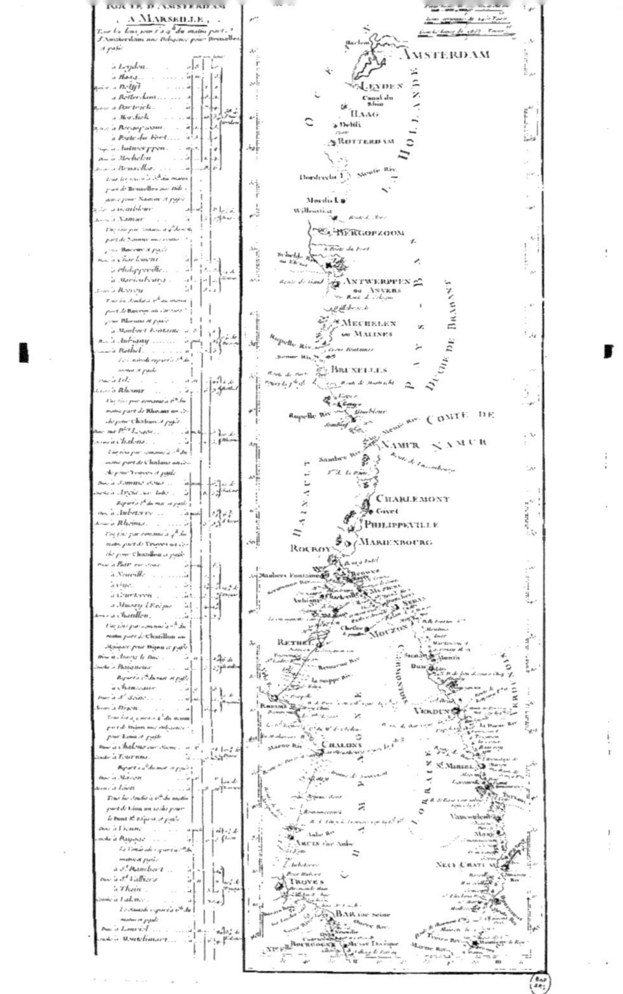

ROUTE D'AMSTERDAM
A MARSEILLE.
AMSTERDAM
Harlem
LEYDEN
Canal du Rhin
HAAG
Delft
ROTTERDAM
LA HOLLANDE
Dordrecht
Meuse Riv.
Mordick
Willemstat
BERGOPZOOM
ANTWERPPEN ou ANVERS
MECHELEN ou MALINES
BRUXELLES
PAYS-BAS
DUCHÉ DE BRABANT
COMTÉ DE NAMUR
NAMUR
Sambre Riv.
HAINAULT
CHARLEMONT
Givet
PHILIPPEVILLE
MARIENBOURG
ROCROY
Maubert Fontaine
MOUZON
RETHEL
CLERMONTOIS
VERDUN
VERDUNOIS
REIMS
CHALONS
Marne Riv.
CHAMPAGNE
LORRAINE
S.t MIHIEL
Vaucouleurs
NEUF CHATEAU
Aube Riv.
ARCIS sur Aube
TROYES
BAR sur Seine
BOURGOGNE

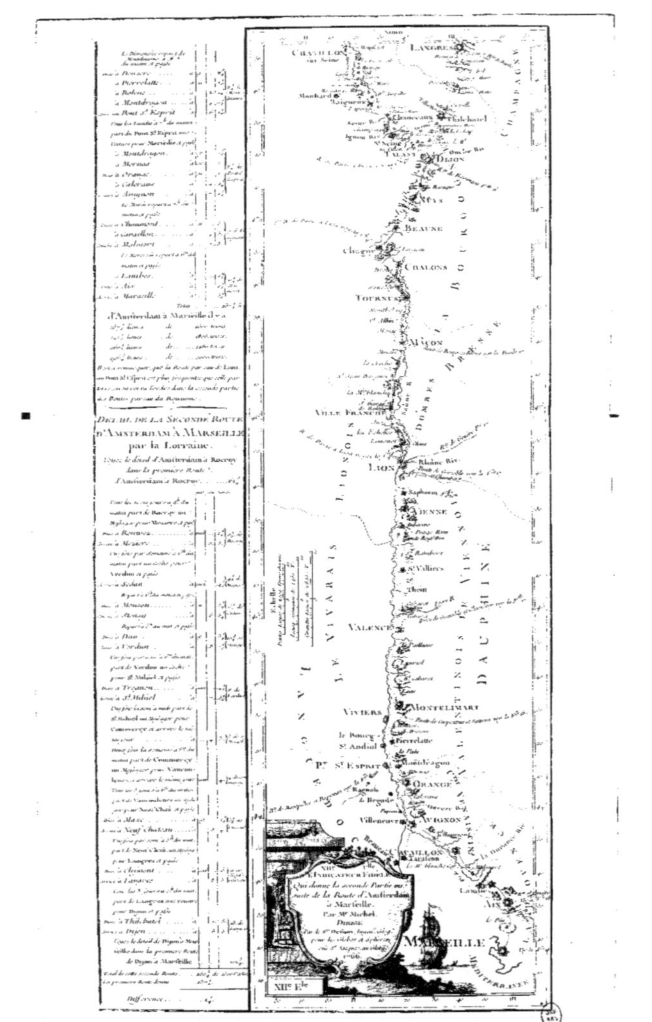

XII.e F.lle
L'Indicateur Fidele
Qui donne la seconde Partie ou suite de la Route d'Amsterdam à Marseille.
Par Mr Michel.
Desnos.
1766
Début de la Seconde Route d'Amsterdam à Marseille par la Lorraine.
MARSEILLE
AIX
AVIGNON
ORANGE
MONTELIMART
VIVIERS
VALENCE
LION
VILLE FRANCHE
MACON
TOURNUS
CHALONS
BEAUNE
DIJON
LANGRES
CHAMPAGNE
BOURGOGNE
BRESSE
LIONNOIS
DAUPHINE
LE VIVARAIS
LANGUEDOC

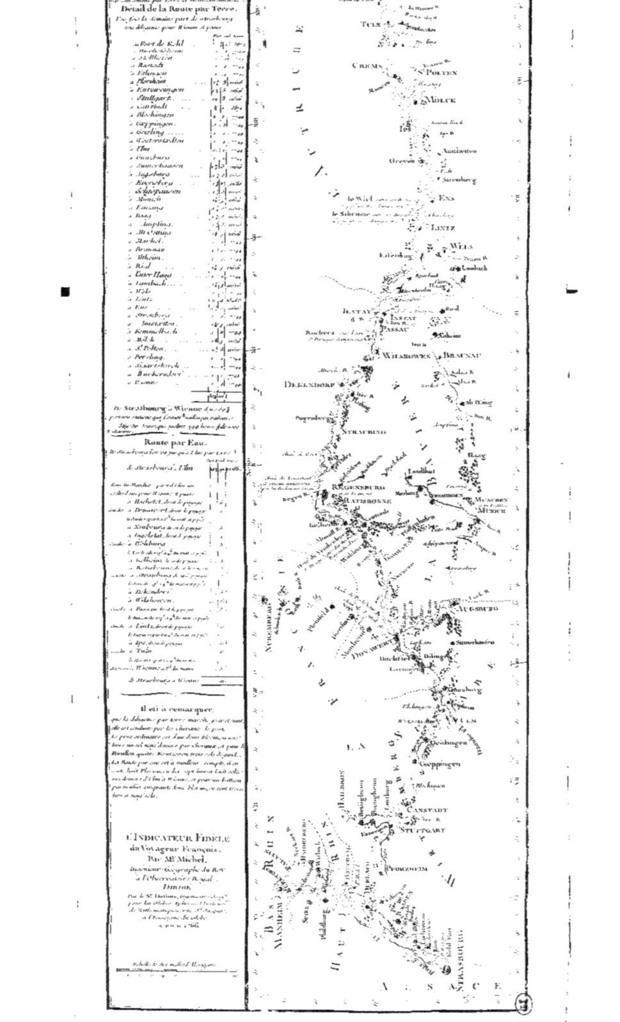
Détail de la Route par Terre.
Route par Eau.
Il est à remarquer
L'INDICATEUR FIDELE
du Voyageur François.
Par Mr. Michel,
Ingénieur-Géographe du Roi
à l'Observatoire Royal.
TULN
CREMS
St. POLTEN
MÖLCK
ENS
LINTZ
WELS
PASSAU
BRAUNAU
DECKENDORF
STRAUBING
REGENSBURG
RATISBONNE
MUNCHEN
MUNICH
AUGSBURG
ULM
GEPPINGEN
CANSTADT
STUTGART
PFORZHEIM
HAILBRON
MANHEIM
STRASBOURG
ALSACE
NUREMBERG

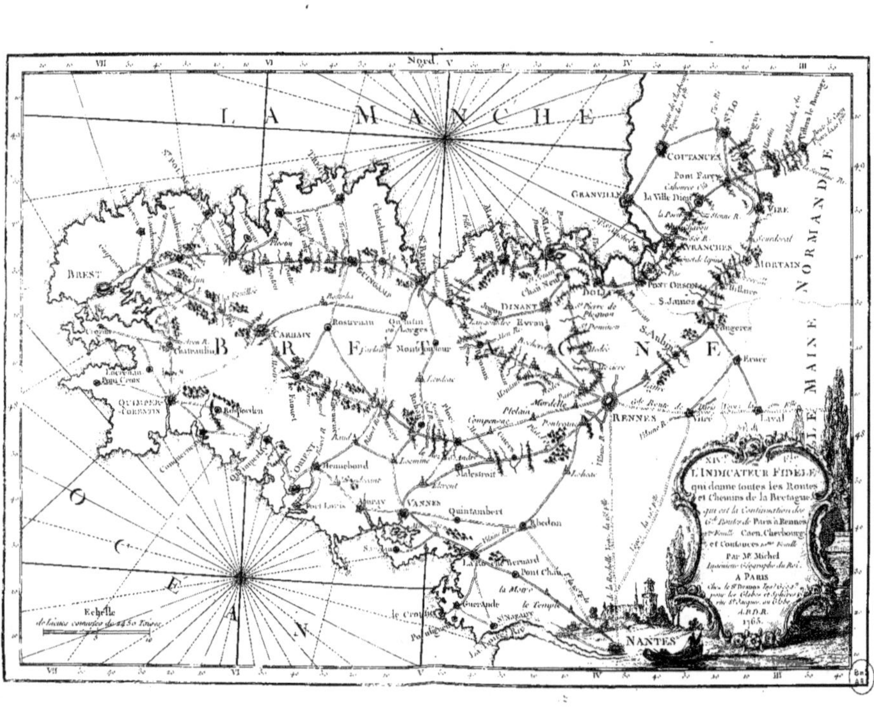
Nord.
LA MANCHE
BRETAGNE
OCEAN
NORMANDIE
LE MAINE
L'INDICATEUR FIDELE
qui donne toutes les Routes
et Chemins de la Bretagne
Par Mr. Michel
A PARIS
1765.
BREST
CARHAIX
QUIMPER-CORENTIN
Rostrenan
Hennebond
Port Louis
Auray
VANNES
Quintambert
Rochefort
Malestroit
Ploërmel
Moncontour
DINANT
S. MALO
DOL
RENNES
NANTES
Guerande
le Croisic
Pont Château
le Temple
COUTANCES
GRANVILLE
la Ville Dieu
AVRANCHES
MORTAIN
VIRE
S. LO
PONT ORSON
S. James
Fougeres
Ernée
Vitré
Laval
Pont Farcy
Echelle

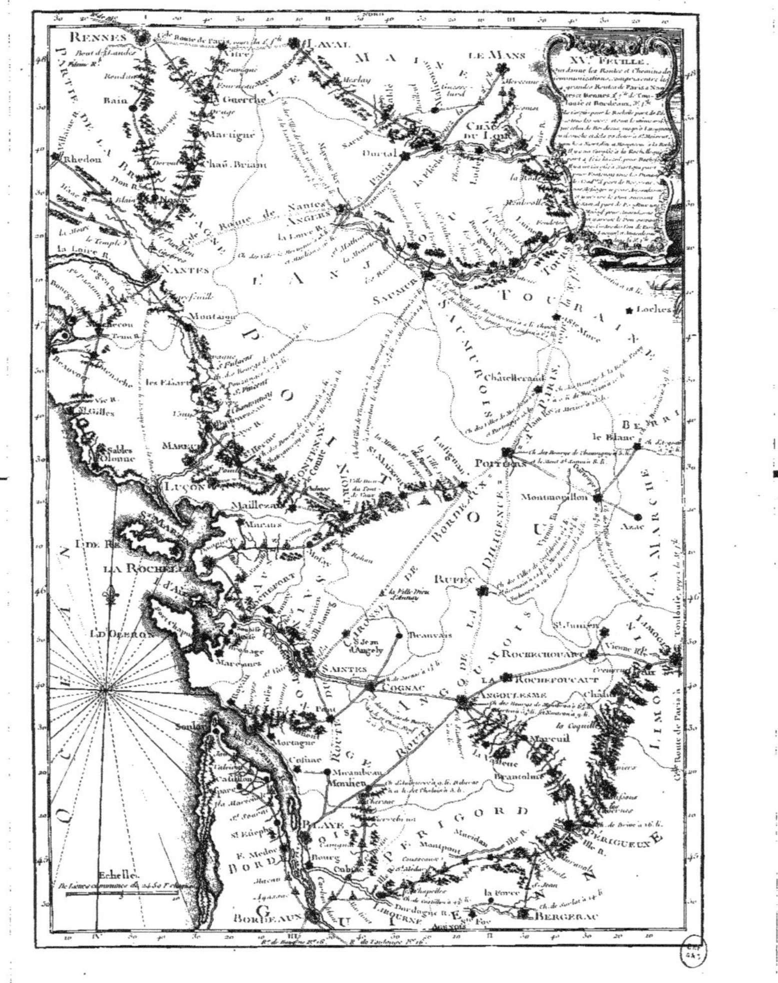

XV.e FEUILLE.
RENNES
LAVAL
LE MANS
PARTIE DE LA BRETAGNE
Vitré
Bain
Guerche
Martigné
Chaû. Briant
Rhedon
Nantes
NANTES
ANGERS
Route de Nantes
Chaû. du Loir
Durtal
la Flèche
la Loire R.
ANJOU
SAUMUR
SAUMUROIS
TOURAINE
Loches
Ste. Maure
Châtellerault
Montaigu
POITOU
les Essarts
Sables d'Olonne
LUÇON
FONTENAY
NIORT
Maillezais
Marans
St. Maixent
Lusignan
POITIERS
le Blanc
BERRI
Montmorillon
Azac
LA MARCHE
I. DE RÉ
LA ROCHELLE
I. D'OLERON
ROCHEFORT
Marennes
SAINTES
St. Jean d'Angely
Beauvais
Ruffec
COGNAC
ANGOULESME
LA ROCHEFOUCAULT
ROCHECHOUART
St. Junien
LIMOGES
LIMOSIN
Marueil
Brantolme
PERIGORD
PERIGUEUX
la Force
BERGERAC
Mortagne
Cosnac
Mirambeau
Montlieu
BLAYE
St. Estephe
F. Medoc
BORDELOIS
Bourg
Cubsac
BORDEAUX
LIBOURNE
GUIENNE
Dordogne R.
Echelle.

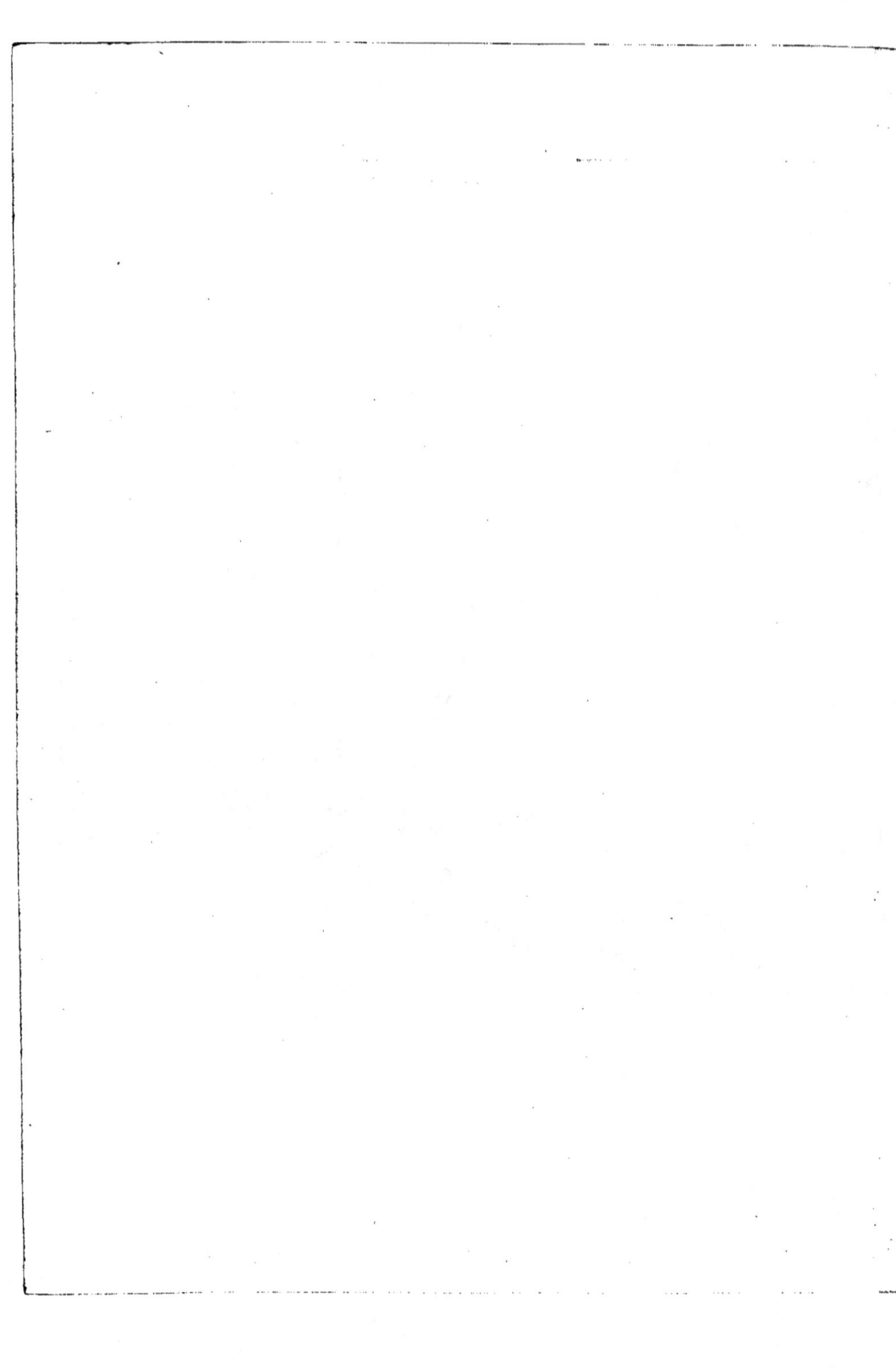

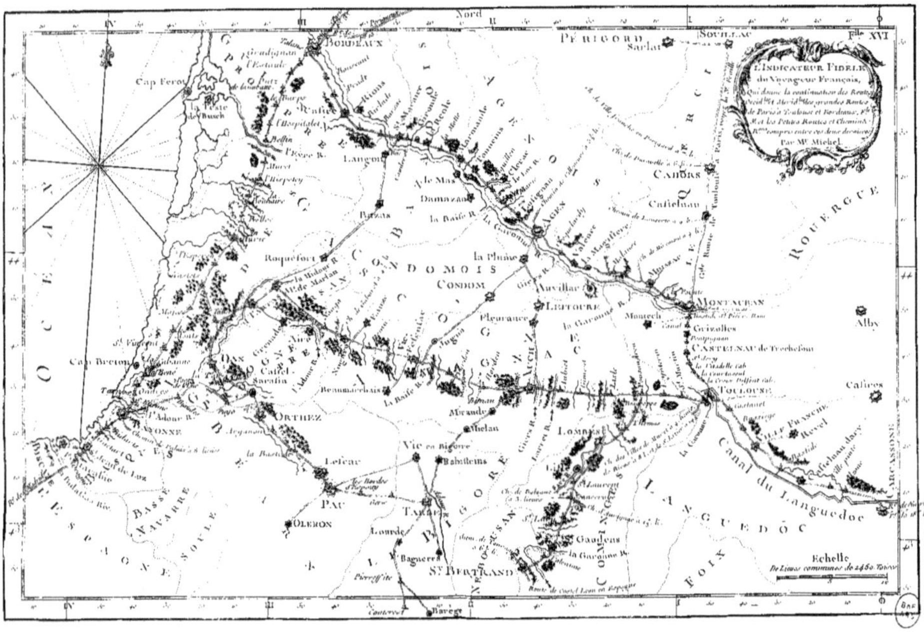

Fe. XVI

L'INDICATEUR FIDELE
du Voyageur François,
Qui donne la continuation des Routes
Occid.les et Merid.les des grandes Routes
de Paris à Toulouse et Bordeaux, Fe.
M. et les Petites Routes et Chemins
R.aux compris entre ces deux dernieres
Par Mr. Michel.

Nord

BORDEAUX
PÉRIGORD
Sarlat
SOUILLAC
CAHORS
Castelnau
ROUERGUE
MONTAUBAN
Alby
Castres
TOULOUSE
CARCASSONE
Canal du Languedoc
LANGUEDOC
FOIX
Cap Ferot
Cap Breton
OCEAN
BAYONNE
BASSE NAVARRE
SOULE
PAU
ORTHEZ
OLERON
Lourde
Bagneres
St. BERTRAND
TARBE
Vie en Bigorre
BIGORRE
Mirande
Lombez
COMMINGES
Gaudens
AUCH
ARMAGNAC
LECTOURE
Auvillar
Fleurance
CONDOM
CONDOMOIS
la Plume
AGEN
AGENOIS
Damazan
le Mas
Bazas
Langon
la Reole
Roquefort
Beaumarchais
Lescar
Barege

Echelle
De Lieues communes de 2450 Toises

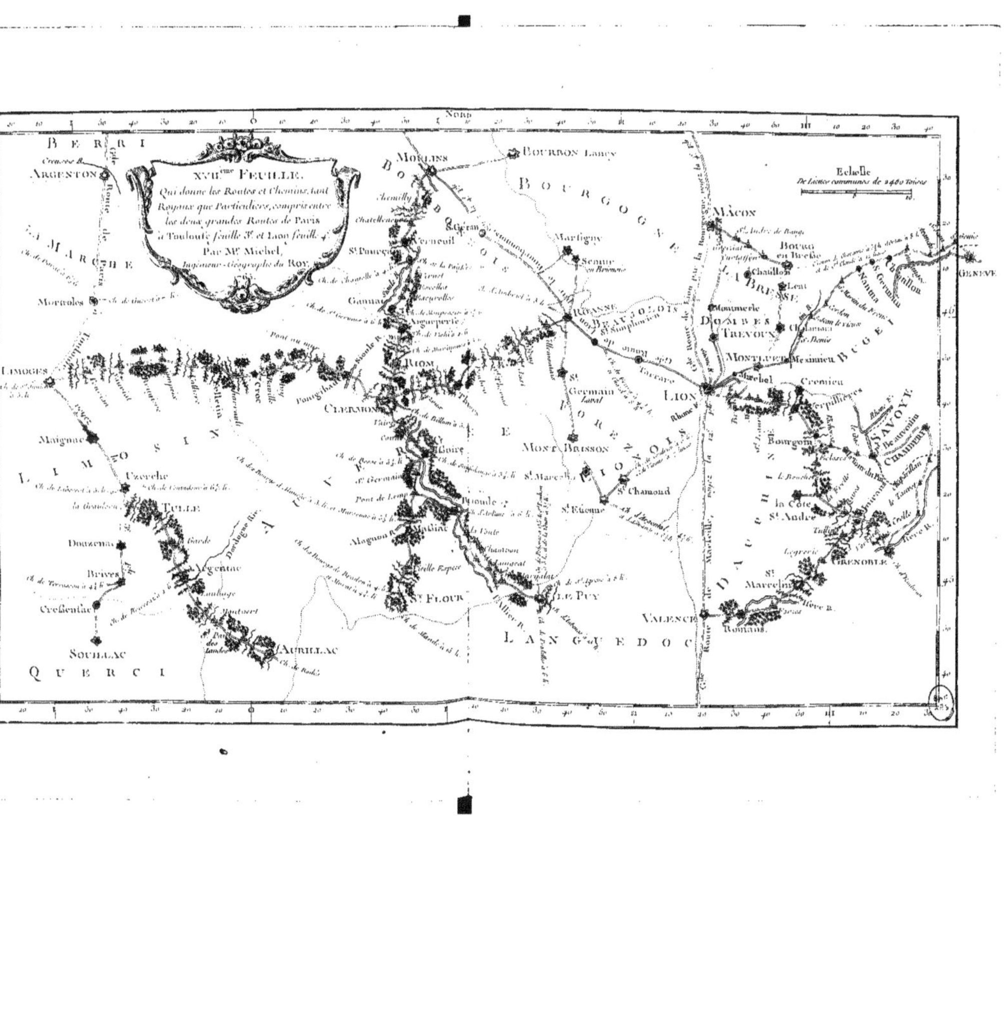
NORD
XVII.eme FEUILLE.
Qui donne les Routes et Chemins, tant Royaux que Particuliers, compris entre les deux grandes Routes de Paris à Toulouse feuille 3e. et Lion feuille 4e.
Par Mr. Michel,
Ingénieur-Géographe du ROY.
Echelle
BERRI
ARGENTON
LA MARCHE
LIMOGES
LIMOSIN
Uzerche
TULLE
Brives
SOUILLAC
QUERCI
AURILLAC
MOULINS
BOURBON Lancy
BOURGOGNE
BOURBONNOIS
Verneuil
Aigueperse
RIOM
CLERMONT
Issoire
Brioude
ST. FLOUR
LE PUY
ROANNE
BEAUJOLOIS
Tarare
LION
MÂCON
Bourg en Bresse
LA BRESSE
DOMBES
TREVOUX
MONTLUEL
BUGEY
GENEVE
FOREZ
MONT BRISSON
St. Chamond
St. Etienne
LIONOIS
VALENCE
LANGUEDOC
Romans
St. Marcelin
GRENOBLE
DAUPHINÉ
Bourgoin
Cremieu
SAVOYE
CHAMBERY

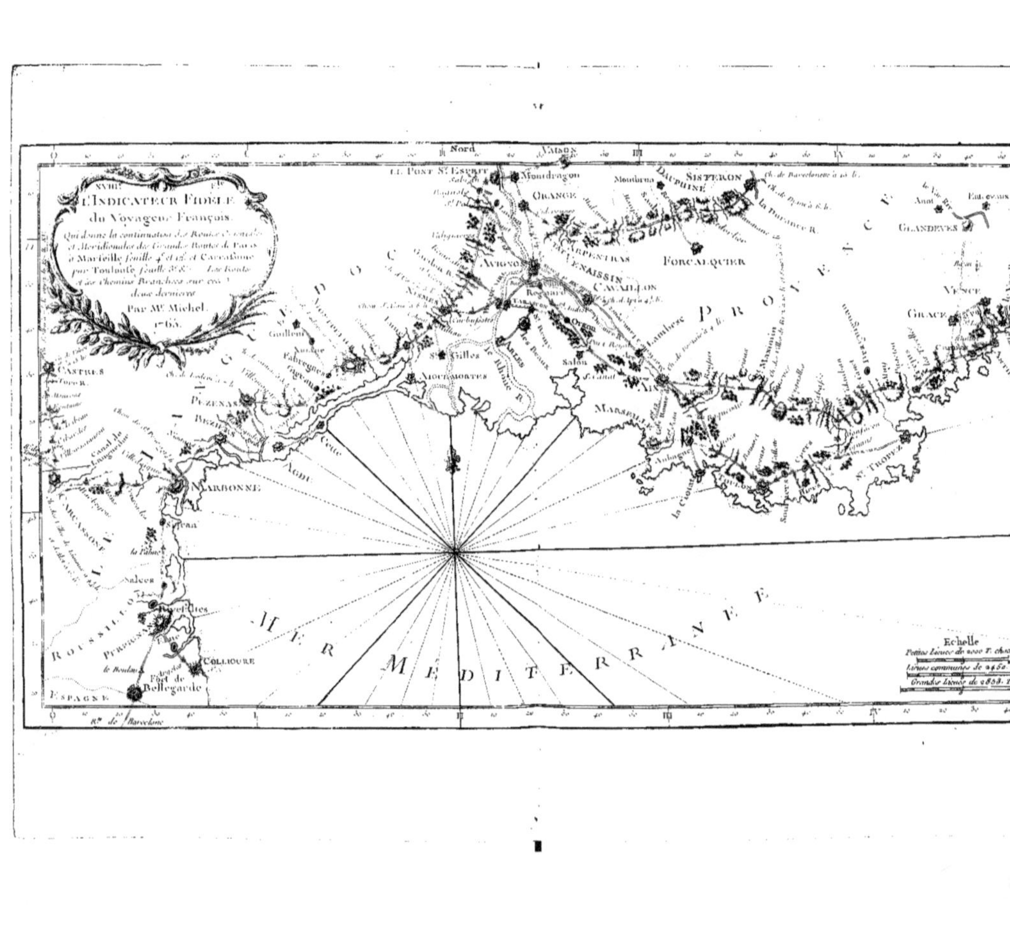
XVIII.e F.le
L'Indicateur Fidele
du Voyageur François.
Qui donne la continuation des Routes Orientales et Meridionales des Grandes Routes de Paris à Marseille feuille 4.e et 12.e et Carcassonne par Toulouse feuille 3.e 8.e Les Routes et les Chemins Branchées sur ces deux dernieres
Par M.r Michel.
1765.
Nord
Vaison
Pont S.t Esprit
Mondragon
Orange
Sisteron
Dauphiné
Forcalquier
Avignon
Venaissin
Cavaillon
Carpentras
Glandeves
Vence
Grace
Castres
Pezenas
Beziers
Nismes
S.t Gilles
Aigues Mortes
Arles
Salon
Aix
Marseille
Toulon
S.t Tropez
Narbonne
Agde
Cette
Carcassonne
Perpignan
Salces
Collioure
Fort de Bellegarde
Espagne
Roussillon
Mer Mediterranee
Provence
Echelle

PROSPECTUS

DU GUIDE DES VOYAGEURS,

Pour les Routes Royales & Particulieres de la France & autres.

IL y a long-tems que l'on se plaint de ne pas avoir assez de secours pour faciliter le commerce & les voyages. Des gens instruits, ont senti cet inconvénient, & comme c'est aux Sciences à fournir aux besoins de la Société, ils ont imaginé de réunir la Géographie & le compas Géométrique, pour donner aux Commerçans & aux Voyageurs, les lumieres qui leur ont manqué jusqu'ici. On présente donc au Public *un Guide des Voyageurs ou Indicateur Fidèle*, qui met sous les yeux les routes qu'il faut tenir pour aller d'une Ville à une autre, & les distances qui se trouvent entre chacune de ces Villes.

Afin de pouvoir partir d'un point fixe, on a choisi Paris pour centre; c'est-à-dire, que l'on suppose un Voyageur qui veut se transporter de Paris dans les différentes Villes du Royaume, & de ces Villes à Paris; on lui a tracé avec exactitude tous les lieux qui se trouvent sur son passage, &, s'il faut le dire, on a compté tous ses pas.

Chacune des Routes est sur une Carte séparée, dont le prix est fort modique, & chaque Carte, est enluminée de maniere que l'on y connoît les limites des Provinces, les Villes, les Bourgs, les Villages, les Montagnes, les Prés, les Bois. On a même porté l'exactitude jusqu'à faire distinguer à l'œil les chemins, plantés d'Arbres sous lesquels on peut marcher à couvert. Communément celui qui entreprend une route, consulte ceux qui l'ont faite avant lui: s'il est en chemin, il s'informe, à mesure qu'il avance, du nombre des lieues qui lui restent à faire, des endroits où il peut prendre ses repas, ou passer le tems de la nuit, & rarement on lui donne là-dessus des réponses précises. Avec une de nos Cartes, le Voyageur n'a aucun besoin de toutes ces demandes; il voit tous les endroits par lesquels il doit passer, & une juste mesure de leur éloignement respectif; il connoît en même-tems les Bourgs, les Villages, les Hameaux, les Fermes, les Maisons Religieuses, les Bois, les Prés, les Avenues, les Rivieres, les Ponts, les Gués, les Ruisseaux, les Etangs, & les Marais; enfin, jusqu'aux Montagnes & aux Plaines qu'il a à traverser.

Veut-il se servir des Voitures établies pour le Public, comme Diligences, Coches, Carosses, Messageries; il voit à côté de la Carte un Itinéraire instructif & raisonné qui indique le jour, l'heure du départ, la dînée, la couchée de ces voitures & le nombre des lieues qu'elles font par jour; souvent plusieurs Routes mènent à un même endroit, on les a mises à côté l'une de l'autre, & le Voyageur trouvera dans toutes une exactitude égale.

Les Cartes de ces Routes se vendent ensemble ou séparément par feuilles détachées, & leur forme est portative. Le Voyageur peut aisément en enfermer une dans un Porte-feuille, & la consulter au besoin. Elles éclairent, elles dirigent, & elles mettent celui qui en est possesseur, dans le cas de se passer de tous les renseignemens que l'on recherche dans les voyages; enfin, elles sont entierement consacrées à l'utilité Publique, & au besoin de tous ceux qui voyagent. C'est le seul but que l'on s'est proposé en les mettant au jour. Pour nous conformer au goût de tous les Particuliers, qui voudront faire l'acquisition de cet Ouvrage, comme Voyageurs, ou simplement comme Amateurs, nous l'avons mis sous plusieurs formes différentes, dont voici les prix.

Grand *in*-4°. relié en veau,	15 livres.
Relié en carton	14 liv.
Broché d'une maniere commode & portative, pour être mis dans la poche.	13 liv.
En feuilles	12 liv. 8 f.
& chaque Route détachée sur une feuille particuliere	15 f.

On en trouvera de même de colées sur toile, ou taffetas; d'imprimées sur peau ou satin, que l'on vendra séparément dans leurs étuis; enfin on en formera un Volume *in*-8° ou même *in*-12. & de telle forme que chacun pourra le désirer.

Ces Cartes son dédiées à M. Cassini de Thury, Seigneur de Villetaneuse, Directeur de l'Observatoire Royal, Maîtres des Comptes, Associé des Académies des Sciences de Paris, Londres, Berlin, Munick, &c &c.

Dressées par M. Michel, Ingénieur-Géographe du Roi à l'observatoire & dirigées par le Sieur Desnos, Ingénieur-Géographe pour les Globes & Sphères, rue Saint-Jacques, à l'Enseigne du Globe où elles se vendent, & à l'Observatoire.

A PARIS.

AVEC APPROBATION ET PRIVILEGE DU ROI.

AVIS.

On trouve chez le Sieur Desnos, toutes sortes de Cartes de Géographie, tant générales que Particulieres; Atlas Modernes de Géographie & d'Histoire pour l'intelligence des quatre Principaux Historiens, le Tableau Analytique de la France, depuis l'établissement de la Monarchie jusqu'à Louis XV. Recueils complets des Cartes de tous les Auteurs; Plans de Paris, collés sur toile, montés sur gorge de toutes grandeurs, Banlieue & environs de la Capitale; Généralité de Paris; Cartes Particulieres des Elections du Royaume; Guide des Voyageurs, Routes Royales & Particulieres de la France; Globes & Sphères pour les Cabinets & Bibliothèques; Instrumens de Mathématiques, & généralement tout ce qui concerne les Sciences.

CATALOGUE ALPHABETIQUE
DES ROUTES ROYALES ET PARTICULIERES,

Que contiennent toutes les Feuilles de l'Indicateur Fidéle, ou Guide des Voyageurs.

ROUTE DE PARIS AUX VILLES DE PROVINCE,

Des Villes à Paris, & des différentes Villes entr'elles.

A

Feuilles.			Provinces.
2e Fle.	à Angers........	Ville.	Anjou.
	à Alençon......	Ville.	Normandie.
	à Ancenis......	Ville.	Bretagne.
3 F.	à Arpajon......	Ville.	Isle de France.
	à Artenay.......	Bourg.	Orléanois.
	à Argenton.....	Ville.	le Berri.
	à Amboise......	Ville.	la Touraine.
	à Angoulême..	Ville.	Angoumois.
	à Aunay........	Ville.	Poitou.
	à Annier........	Bourg.	Xaintonge.
4 F.	à Auxerre.......	Ville.	Bourgogne.
	à Arnay le Duc.	Bourg.	Bourgogne.
6 F.	à Arcis sur Aube.	Bourg.	Champagne.
	à Ancy-le-Franc.	Bourg.	Bourgogne.
	à Arc.............	Ville.	Champagne.
	à Auxonne.....	Ville.	Bourgogne.
7 F.	à Arlons.........	Ville.	Duché de Luxembourg.
8 F.	à Altkirch......	Ville.	Alsace.
9 F.	à Arras..........	Ville.	Artois.
	à Armentières.	Ville.	Flandre.
	à Ath............	Ville.	Pays-Bas.
10 F.	à Argences.....	Bourg.	Normandie.
	à Amiens........	Ville.	Amienois.
	à Ault............	Bourg.	Normandie.
	à Aire............	Ville.	Flandre.
	à Ardres.........	Ville.	Flandre.
11 F.	à Amsterdam..	Ville.	Hollande.
	à Antwerpen...	Ville.	Hollande.
12 F.	à Aix.............	Ville.	Provence.
13 F.	à Ausbourg....	Ville.	Suabe Allemagne.
	à Amstetten....	Bourg.	Allemagne.

B

Feuilles.			Provinces.
2 F.	Bellesme........	Ville.	Le Maine.
3e Fle.	Brives.........	Ville.	Limosin.
	Blois...........	Ville.	Orléanois.
	Barbezieux...	Bourg.	Angoumois.
	Barre. (la)...	Bourg.	Poitou.
	Briou..........	Bourg.	Poitou.
	Blaye..........	Ville.	Bordelois.
	Bordeaux.....	Ville.	Bordelois.
4 F.	Beau Moulin.	Bourg.	Orléanois.
	Briare.........	Ville.	Orléanois.
	Bonni..........	Ville.	Orléanois.
5 F.	Bar-le-Duc...	Ville.	Lorraine.
	Blamont......	Ville.	Lorraine.
6 F.	Brie-Comte-Robert.......	Ville.	Brie.
	Bray...........	Ville.	Champagne.
	Bar-sur-Seine..	Ville.	Champagne.
	Baigneux.....	Bourg.	Bourgogne.
	Beaune........	Ville.	Bourgogne.
	Besançon.....	Ville.	Franche Comté.
	Beaume-les-Dames..	Ville.	Franche Comté.
	Belfort........	Ville.	Franche Comté.
	Basle..........	Ville.	Suisse.
	Bacarat.......	Bourg.	Lorraine.
	Benfelden....	Bourg.	Alsace.
7 F.	Braine.........	Ville.	Soissonnois.
	Bouillon......	Ville.	Duché.
	Boulay........	Ville.	Lorraine.
	Bellem........	Bourg.	Principauté de Spire.
8 F.	Bar-sur-Aube..	Ville.	Champagne.
	Belfort........	Ville.	Franche Comté.
	Basle..........	Ville.	Suisse.
9 F.	Bapaume.....	Ville.	Artois.
	Bailleul......	Ville.	Flandre.
	Berge.........	Ville.	Flandre.
	Bouchain.....	Ville.	Flandre.
	Bruxelles.....	Ville.	Pays-Bas.
	Braine-le-Comte..	Bourg.	Pays-Bas.

Feuilles.			*Provinces.*
10e Fle	Bayeux.	Ville.	Normandie.
	Beaumont.	Ville.	Iſle de France.
	Beauvais.	Ville.	Beauvoiſis.
	Blangis.	Bourg.	Normandie.
	Breteuil.	Bourg.	Amienois.
	Bethune.	Ville.	Artois.
	Boulogne.	Ville.	Boulonois.
11 F.	Bergop-Zoom.	Ville.	Pays-Bas.
12 F.	Boleme.	Bourg.	Valentinois.
13 F.	Bruchſal.	Ville.	Allemagne.
	Beſſigheim.	Bourg.	Allemagne.
	Bichgheim.	Bourg.	Allemagne.
	Braunau.	Ville.	Allemagne.
	C		
2 F.	Chartres.	Ville.	la Beauce.
	Château-Neuf.	Ville.	Iſle de France.
	Courville.	Bourg.	Beaune.
3 F.	Château-Roux.	Ville.	Berri.
	Creſſenſac.	Bourg.	Limoſin.
	Cahors.	Ville.	Périgord.
	Caſtelnau-de-Montratier.	Ville.	Périgord.
	Caſtelnau-de-Treſcheſont.	Ville.	Périgord.
	Clery.	Ville.	Orléanois.
	Celle. (le)	Bourg.	Saumurois.
	Châtelleraud.	Ville.	Saumurois.
	Chenay.	Bourg.	Poitou.
	Colombier.	Bourg.	Poitou.
4 F.	Chany.	Ville.	Bourgogne.
	Châlons-ſur-Saone.	Ville.	Bourgogne.
	Cône.	Ville.	Orléanois.
	Charité. (la)	Ville.	Nivernois.
5 F.	Château-Thierri.	Ville.	la Brie.
	Châlon-en-Champagne.	Ville.	Champagne.
6 F.	Chârenton.	Bourg.	Iſle de France.
	Coulomiers.	Ville.	Brie.
	Courteron.	Bourg.	Bourgogne.
	Châtillon.	Ville.	Bourgogne.
	Château-Vilain.	Ville.	Champagne.
	Chanceaux.	Bourg.	Bourgogne.
	Chagny.	Ville.	Bourgogne.
	Chaumont.	Ville.	Baſſigny.
	Clerval.	Bourg.	Franche-Comté.
	Colmar.	Ville.	Alſace.
7 F.	Crecy.	Bourg.	Lanois.
	Lecherne.	Ville.	Champagne.
	Clermont.	Ville.	Clermontois.
	Creutze.	Ville.	ElectoratdeTrever.
	Caudel.	Bourg.	Principauté de Spire.
	Château-Salins.	Ville.	Lorraine.

Feuilles.			*Provinces.*
8e Fle	Chaumont.	Ville.	Baſſigny.
9 F.	Compiégne.	Ville.	Iſle de France.
	Cambrai.	Ville.	Cambraiſis.
	Caſſel.	Ville.	Flandre.
10 F.	Caën.	Ville.	Normandie.
	Carentan.	Ville.	Normandie.
	Cherbourg.	Ville.	Normandie.
	Caudebec.	Ville.	Pays-de-Caux.
	Cany.	Bourg.	Normandie.
	Creil.	Ville.	Beauvoiſin.
	Clermont.	Ville.	Beauvoiſin.
	Chambly.	Bourg.	Iſle de France.
	Crotoy.	Bourg.	Picardie.
	Calais.	Ville.	Flandre.
	Caſſel.	Ville.	Flandre.
	Cudekerke.	Bourg.	Flandre.
	Canterbury.	Ville.	Angleterre.
	Chailey.	Bourg.	Angleterre.
	Croydon.	Bourg.	Angleterre.
	Coſham.	Ville.	Angleterre.
11 F.	Charlemont.	Ville.	Hainault.
12 F.	Cavaillon.	Ville.	Provence.
13 F.	Carſtruh.	Ville.	Allemagne.
	Canſtatt.	Ville.	Allemagne.
	Crems.	Ville.	Allemagne.
	D		
2 F.	Dreux.	Ville.	Iſle de France.
	Durtal.	Ville.	Anjou.
3 F.	Dourenac.	Ville.	Limoſin.
	Dange.	Bourg.	Saumurois.
5 F.	Dormans.	Ville.	Champagne.
6 F.	Dijon.	Ville.	Bourgogne.
	Dol.	Ville.	Franche-Comté.
7 F.	Dammartin.	Ville.	Iſle de France.
	Dun.	Ville.	Champagne.
	Donchery.	Ville.	Champagne.
	Dieuſe.	Ville.	Lorraine.
	Druzenheim.	Bourg.	Alſace.
9 F.	Douay.	Ville.	Flandre.
	Dixmude.	Ville.	Pays-bas.
	Dunkerque.	Ville.	Flandre.
10 F.	Dreux.	Ville.	Iſle de France.
	Dieppe.	Ville.	Normandie.
	Doulens.	Ville.	Picardie.
	Dunkerque.	Ville.	Flandre.
	Douvre.	Ville.	Angleterre.
	Dartfert.	Ville.	Angleterre.
	Douhill.	Bourg.	Angleterre.

Feuilles.			Provinces.
11e Fle	Delfft.	Bourg.	Hollande.
	Dortrick.	Ville.	Hollande.
13 F.	Durlach.	Ville.	Allemagne.
	Dilingen.	Ville.	Allemagne.
	Donawert.	Ville.	Allemagne.
	Dekendort.	Ville.	Allemagne.
	E		
2 F.	Eſtampes.	Ville.	Orléanois.
	Etolliers.	Ville.	Bourdelois.
5 F.	Epernay.	Ville.	Champagne.
6 F.	Epinal.	Ville.	Lorraine.
	Erſtein.	Bourg.	Alſace.
10 F.	Evreux.	Ville.	Normandie.
	Ecoüis.	Bourg.	Normandie.
	Eu.	Ville.	Normandie.
	Etaples.	Ville.	Allemagne.
13 F.	Etlingen.	Ville.	Picardie.
	Efferting.	Ville.	Allemagne.
	F		
2 F.	Flêche. (la).	Ville.	Anjou.
3 F.	Ferté. (la).	Ville.	Orléanois.
4 F.	Fontainebleau.	Ville.	Iſle de France.
5 F.	Ferté. (la).	Ville.	Brie.
6 F.	Ferté. (la).	Ville.	Champagne.
	Favernay.	Bourg.	Franche-Comté.
7 F.	Fiſine.	Ville.	Champagne.
	Francfort.	Ville.	Franconie.
	Franckendel.	Ville.	Palatine.
	Feneſtrange.	Ville.	Lorraine.
8 F.	Fayl-Billot.	Bourg.	Franche-Comté.
10 F.	Fécamp.	Ville.	Normandie.
	Frevent.	Bourg.	Picardie.
	Feversham.	Ville.	Angleterre.
13 F.	Friberg.	Ville.	Allemagne.
	G		
3 F.	Grizolles.	Bourg.	Gaſcogne.
6 F.	Gyé.	Bourg.	Bourgogne.
	Guemar.	Ville.	Alſace.
7 F.	Guiſe.	Ville.	Thiérache.
9 F.	Gonneſſe.	Ville.	Iſle de France.
	Guile.	Ville.	Thierache.
	Gramont.	Ville.	Pays-Bas.
10 F.	Gaillon.	Bourg.	Normandie.
	Gamaches.	Bourg.	Normandie.
	Gravelines.	Ville.	Flandre.
	Guilford.	Ville.	Angleterre.
	Grinſtead.	Bourg.	Angleterre.
	Graveſend.	Ville.	Angleterre.

Feuilles.			Provinces.
13e Fle	Goppingen.	Ville.	Allemagne.
	Geiſling.	Ville.	Allemagne.
	Gunsburg.	Ville.	Allemagne.
	Gundelfing.	Ville.	Allemagne.
	Greyen..	Ville.	Allemagne.
	H		
2 F.	Houdan.	Ville.	Iſle de France.
7 F.	Haag.	Ville.	Electorat de Tréves.
9 F.	Halle.	Ville.	Pays-Bas.
	Ham.	Ville.	Picardie.
10 F.	Haudan.	Ville.	Iſle de France.
	Harfleur.	Ville.	Pays de Caux.
	Havre (le).	Ville.	Pays de Caux.
	Haven.	Ville.	Angletterre.
11 F.	Haag.	Ville.	Hollande.
13 F.	Hailbron.	Ville.	Allemagne.
	Heidelberg.	Ville.	Allemagne.
	Hochſtel.	Ville.	Allemagne.
	Hochſtel.	Ville.	Franconie.
	Haag.	Ville.	Allemagne.
	I & J		
2 F.	Javron.	Bourg.	Le Maine.
	Ingrande.	Ville.	Bretagne.
4 F.	Joigny.	Ville.	Bourgogne.
6 F.	Joinville.	Ville.	Champagne.
10 F.	Iſigny.	Ville.	Normandie.
	Illebonne.	Bourg.	Pays de Caux.
13 F.	Ingolſtatt.	Ville.	Allemagne.
	Ips.	Ville.	Allemagne.
	K		
9 F.	Kievrain.	Bourg.	Pays-Bas.
10 F.	Kingston.	Bourg.	Angleterre.
13 F.	Kehl.	Fort.	Alſace.
	Kelheim.	Ville.	Allemagne.
	Korneiburg.	Ville.	Allemagne.
	L		
2 F.	Laval.	Ville.	Le Maine.
3 F.	Linas.	Bourg.	Iſle de France.
	Lonjumaux.	Bourg.	Iſle de France.
	Limoges.	Ville.	Limoſin.
	Loupiac.	Bourg.	Périgord.
	Luſignant.	Ville.	Poitou.
4 F.	Lyon.	Ville.	Lyonnois.
5 F.	Ligny.	Ville.	Lorraine.
	Luneville.	Ville.	Lorraine.

Feuilles.			Provinces.
6e F^le	Laigues. . . .	Bourg.	Bourgogne.
	Luxul.	Ville.	Franche-Comté.
	Langres. . . .	Ville.	Champagne.
7 F.	Laon.	Ville.	Laonois.
	Longuion. . .	Ville.	Lorraine.
	Longwy . . .	Ville.	Pays Meſſin.
	Luxembourg. .	Ville.	Duché.
	Lauterbourg. .	Ville.	Alſace.
8 F.	Langres. . . .	Ville.	Champagne.
9 F.	Louvres. . . .	Ville.	Iſle de France.
	Landrecy. . . .	Ville.	Hainault.
	Lille.	Ville.	Flandre.
	Lens.	Ville.	Artois.
10 F.	Liſieux.	Ville.	Normandie.
	Liliers.	Ville.	Flandre.
	Luzarche. . . .	Ville.	Iſle de France.
	Lewes.	Ville.	Angleterre.
	Londres.	Ville.	Angleterre.
11 F.	Leyden. . . .	Ville.	Hollande.
12 F.	Lambés. . . .	Bourg.	Provence.
13 F.	Lichtenau. . .	Bourg.	Allemagne.
	Lavingen. . .	Ville.	Allemagne.
	Lints.	Ville.	Allemagne.

M

Feuilles.			Provinces.
2 F.	Mans. (le). . .	Ville.	le Maine.
	Mortagnes. . .	Ville.	le Maine.
3 F.	Mortroles. . .	Ville.	la Marche.
	Magnac. . . .	Ville.	Limoſin.
	Montauban. . .	Ville.	Périgord.
	Manle.	Bourg.	Poitou.
	Mirambeau. .	Ville.	Xaintonge.
4 F.	Moret.	Ville.	Bourgogne.
	Mâcon.	Ville.	Bourgogne.
	Montargis. . .	Ville.	Orléans.
	Moulins. . . .	Ville.	Bourbonnois.
5 F.	Meaux.	Ville.	La Brie.
	Meſtre.	Ville.	Pays Meſſin.
6 F.	Meulan. . . .	Ville.	Iſle de France.
	Montreau. . . .	Ville.	Champagne.
	Mircourt. . . .	Ville.	Lorraine.
	Montbelliard. .	Ville.	Franche-Comté.
	Muſſy-Leveque. .	Ville.	Bourgogne.
7 F.	Maubertfontaine. . .	Ville.	Thiérache.
	Meriere. . . .	Ville.	Champagne.
	Mouron. . . .	Ville.	Champagne.
	Mouſa.	Ville.	Champagne.
	Meſtre.	Ville.	Pays Meſſin.
	Marſal.	Ville.	Lorraine.
	Moyen-Vic. . .	Bourg.	Pays Meſſin.
	Mayence. . . .	Ville.	Electorat.
8e F^le	Marckolsheim	Ville.	Alſace.
9 F.	Maubeuge. . .	Ville.	Hainault.
	Mons.	Ville.	Pays-Bas.
10 F.	Meulan. . . .	Ville.	Iſle de France.
	Mantes . . .	Ville.	Iſle de France.
	Montivilliers.	Bourg.	Pays de Caux.
	Montreuil. . .	Ville.	Picardie.
	Marſeille. . .	Bourg.	Picardie.
11 F.	Mordick. . .	Ville.	Pays-Bas.
	Méchelen. . .	Ville.	Pays-Bas.
	Marienbourg.	Ville.	Hainault.
12 F.	Montélimart.	Ville.	Valentinois.
	Montdragon.	Bourg.	Valentinois.
	Marſeille. . .	Ville.	Provence.
13 F.	Manheim. . .	Ville.	Electorat.
	Monheim. . .	Bourg.	Allemagne.
	Munich. . .	Ville.	Electorat.
	Molck. . . .	Ville.	Allemagne.
	Moutern. . .	Ville.	Allemagne.

N

Feuilles.			Provinces.
2 F.	Nonancourt.	Ville.	Iſle de France.
	Nantes. . . .	Ville.	Bretagne.
3 F.	Nouan. . . .	Ville.	Orléanois.
	Nouan-ſur-Loir. . .	Ville.	Orléanois.
4 F.	Nemours. . .	Ville.	Orléanois.
	Neuwy. . . .	Bourg.	Orléanois.
	Nevers. . . .	Ville.	Nivernois.
5 F.	Nancy. . . .	Ville.	Lorraine.
6 F.	Nogent. . . .	Ville.	Champagne.
	Neuville. . .	Bourg.	Bourgogne.
	Nuys.	Ville.	Bourgogne.
7 F.	Nanteuil. . .	Bourg.	Iſle de France.
8 F.	Nogent. . .	Ville.	Champagne.
	Neubriſac. . .	Ville.	Alſace.
9 F.	Noyon. . . .	Ville.	Picardie.
	Nieuport. . .	Ville.	Pays-Bas.
10 F.	Nonancourt.	Ville.	Iſle de France.
11 F.	Namur. . . .	Ville.	Hainault.
13 F.	Nuremberg. .	Ville.	Allemagne.
	Neuburg. . .	Ville.	Allemagne.

O

Feuilles.			Provinces.
3 F.	Orléans. . . .	Ville.	Orléanois.
7 F.	Ogersheim. .	Ville.	Alſace.
	Oppenheim. .	Ville.	Elect. Pal. de Mayence.
9 F.	Oſtende. . .	Ville.	Pays-Bas.
	Origny. . . .	Bourg.	Picardie.
12 F.	Orange. . . .	Ville.	Valentinois.

Feuilles.			Provinces.
	P		
2e Fle	Préenpaille. . .	Bourg.	Le Maine.
3 F.	Peyrac.	Bourg.	Périgord.
	Poitiers. . . .	Ville.	Poitou.
	Pons.	Bourg.	Xaintonge.
	Plassac.	Bourg.	Xaintonge.
4 F.	Pont-sur-Yonne.	Bourg.	Champagne.
	Pouilly.	Ville.	Nivernois
5 F.	Phalsbourg. . .	Ville.	Alsace.
6 F.	Pont-sur-Vanne.	Bourg.	Champagne.
	Plombiere. . .	Ville.	Lorraine.
	Provins. . . .	Ville.	Brie.
	Pont-sur-Seine.	Ville.	Champagne.
	Porrentrui. . .	Ville.	Principauté de Spire.
7 F.	Phalsbourg. . .	Ville.	Alsace.
8 F.	Provins. . . .	Ville.	Brie.
	Pont-sur-Seine.	Ville.	Champagne.
	Port-sur-Saone.	Bourg.	Franche-Comté.
9 F.	Pont Ste Maxence.	Ville.	Picardie.
	Peronne. . . .	Ville.	Picardie.
10 F.	Poissy.	Bourg.	Isle de France.
	Pont de l'Arche	Ville.	Normandie.
	Pontoise. . . .	Ville.	Isle de France.
	Portsmouth. . .	Ville.	Angleterre.
	Petersfield. . .	Ville.	Angleterre.
11 F.	Philippeville. .	Ville.	Hainault.
12 F.	Pont S. Esprit.	Ville.	Valentinois.
13 F.	Pforzheim. . .	Ville.	Allemagne.
	Pogenberg. . .	Bourg.	Allemagne.
	Possau.	Ville.	Allemagne.
	R		
2 F.	Rennes.	Ville.	Bretagne.
	Rembouillet. .	Bourg.	Isle de France.
	Remalard. . .	Bourg.	Le Maine.
4 F.	Rouvray. . . .	Bourg.	Bourgogne.
	Roanne. . . .	Ville.	Lyonnois.
6 F.	Rameru. . . .	Bourg.	Champagne.
	Rouvray. . . .	Bourg.	Bourgogne.
	Rufach. . . .	Ville.	Alsace.
	Raon Létape. .	Ville.	Lorraine.
	Remiremont. .	Ville.	Lorraine.
7 F.	Rheims. . . .	Ville.	Champagne.
	Rethel.	Ville.	Champagne.
	Rocroy. . . .	Ville.	Thiérache.
	Rodemach. . .	Bourg.	Pays Messin.
9 F.	Roye.	Ville.	Picardie.
10 F.	Rouen.	Ville.	Normandie.
	Rue.	Bourg.	Normandie.
	Rochester. . .	Ville.	Angleterre.

Feuilles.			Provinces.
11e Fle	Rotterdam. .	Ville.	Hollande.
13 F.	Ratisbonne. .	Ville.	Allemagne.
	S		
2 F.	S. George. . .	Bourg.	Anjou.
3 F.	Salbris.	Ville.	Berri.
	Selon.	Bourg.	Berri.
	Souillac. . . .	Ville.	Périgord.
	S. Laurent. .	Bourg.	Orléanois.
	S. Dié.	Ville.	Orléanois.
	Ste Mare. . . .	Ville.	Touraine.
	Salizay. . . .	Bourg.	Poitou.
	S. Jean.	Ville.	Xaintonge.
	Saintes.	Ville.	Xaintonge.
	S. Génis. . . .	Bourg.	Xaintonge.
4 F.	Sens.	Ville.	Bourgogne.
	S. Prix.	Bourg.	Bourgogne.
	Saulieu.	Ville.	Bourgogne.
	S. Pierre le Moutier	Bourg.	Nivernois.
	S. Gerant. . .	Bourg.	Bourbonnois.
	S. Simphorien.	Bourg.	Lyonnois.
5 F.	S. Dizier. . .	Ville.	Champagne.
	S. Nicolas. .	Ville.	Lorraine.
	Sarbourg. . .	Ville.	Lorraine.
	Saverne. . . .	Ville.	Alsace.
	Strasbourg. .	Ville.	Alsace.
	Ste. Ménehoult. . . .	Ville.	Champagne.
6 F.	Sens.	Ville.	Bourgogne.
	Ste Marie aux mines	Ville.	Lorraine.
	S. Diey.	Ville.	Lorraine.
	Strasbourg. .	Ville.	Alsace.
	Schlestrstatt.	Ville.	Alsace.
	Sernay.	Ville.	Alsace.
7 F.	Soissons. . . .	Ville.	Soissonnois.
	Sédan.	Ville.	Champagne.
	Stenay.	Ville.	Champagne.
	Ste. Ménehoult. . . .	Ville.	Champagne.
	Suippe.	Ville.	Champagne.
	Sarlouis. . . .	Ville.	Pays Messin.
	Saverne. . . .	Ville.	Alsace.
	Spire.	Ville.	Principauté de Spire.
	Seltz.	Ville.	Alsace.
	Strasbourg. .	Ville.	Alsace.
8 F.	Strasbourg. .	Ville.	Alsace.
9 F.	Senlis.	Ville.	Isle de France.
	Soigmes. . . .	Ville.	Pays-Bas.
	S. Quentin. .	Ville.	Picardie.
	Soissons. . . .	Ville.	Soissonnois.

Feuilles.			Provinces.
10 F.	Ste. Mere Eglise..	Ville.	Normandie.
	S. Germain...	Ville.	Isle de France.
	S. Denis.....	Ville.	Isle de France.
	S. Clair......	Bourg.	Normandie.
	S. Vallery...	Ville.	Pays de Caux.
	S. Omer......	Ville.	Flandre.
	S. Paul......	Ville.	Artois.
	S. Juste......	Bourg.	Beauvoisis.
	Sistingborn...	Ville.	Angleterre.
	Strétham.....	Ville.	Angleterre.
11 F.	S. Mihiel.....	Ville.	Lorraine.
12 F.	S. Audiol....	Bourg.	Valentinois.
13 F.	Sigarstkirch...	Bourg.	Allemagne.
	Stockerau....	Bourg.	Allemagne.
	S. Polten.....	Ville.	Allemagne.
	Strenberg....	Bourg.	Allemagne.
	Straubing....	Ville.	Allemagne.
	Stuttgart.....	Ville.	Wirtemberg.
	T		
3 F.	Thoury......	Bourg.	Orléanois.
	Tours.......	Ville.	Touraine.
	Toulouse.....	Ville.	Gascogne.
4 F.	Tournus.....	Ville.	Bourgogne.
	Tarrare......	Bourg.	Lyonnois.
5 F.	Toul........	Ville.	Toulois.
6 F.	Troyes......	Ville.	Champagne.
	Tonnerre....	Ville.	Bourgogne.
	Talans.......	Ville.	Bourgogne.
7 F.	Tourteron....	Bourg.	Champagne.
	Treves......	Ville.	Electorat.
8 F.	Troyes......	Ville.	Champagne.
9 F.	Tournay.....	Ville.	Pays-Bas.
10 F.	Totes.......	Bourg.	Pays de Caux.
	Thérouenne..	Bourg.	Flandre.
	Treport......	Bourg.	Normandie.
13 F.	Tull.........	Ville.	Allemagne.
	U		
3 F.	Uzerche.....	Ville.	Limosin.
13 F.	Ulm........	Ville.	Allemagne.
	V		
2 F.	Versailles....	Ville.	Isle de France.
	Verneuil......	Ville.	Isle de France.
	Vitré........	Ville.	Bretagne.
3e Fle	Vierzon....	Ville.	Berri.
	Vatan......	Ville.	Berri.
	Veuves.....	Bourg.	Touraine.
	Ville-Dieu..	Bourg.	Poitou.
	Vivonne....	Bourg.	Poitou.
4 F.	Villeneuve la Guiard	Bourg.	Bourgogne.
	Villeneuve le Roi.	Bourg.	Bourgogne.
	Vermanton..	Ville.	Bourgogne.
	Villefranche.	Ville.	Lyonnois.
5 F.	Vitry-le-François.	Ville.	Champagne.
	Verdun.....	Ville.	Pays Messin.
	Vic........	Ville.	Verdunois.
6 F.	Villenoxe...	Ville.	Champagne.
	Vitry-le-François.	Ville.	Champagne.
	Vignory....	Bourg.	Champagne.
	Villeneuve..	Ville.	Champagne.
	Villemaur...	Bourg.	Champagne.
	Vitteaux....	Ville.	Bourgogne.
	Vesoul.....	Ville.	Franche Comté.
	Vauvillers..	Bourg.	Lorraine.
7 F.	Villers-Coterets	Ville.	Isle de France.
	Verdun.....	Ville.	Verdunois.
	Vic........	Ville.	Pays Messin.
8 F.	Vendœuvres.	Ville.	Champagne.
	Vesoul.....	Ville.	Franche Comté.
	Vieuxbrisac.	Ville.	Alsace.
9 F.	Valenciennes	Ville.	Flandre.
	Verberie....	Ville.	Isle de France.
10 F.	Valogne....	Ville.	Normandie.
	Vernon.....	Ville.	Normandie.
	Veulles.....	Bourg.	Pays de Caux.
11 F.	Viviers.....	Ville.	Valentinois.
	Valence....	Ville.	Valentinois.
	Vienne.....	Ville.	Dauphinois.
	W		
7 F.	Worms....	Ville.	Palatinat.
13 F.	Wisloch....	Bourg.	Allemagne.
	Waingheim.	Bourg.	Allemagne.
	Wohburg...	Bourg.	Allemagne.
	Wilshowen..	Ville.	Allemagne.
	Wels.......	Ville.	Allemagne.
	Wienne	Ville.	Allemagne.
	Y		
9 F.	Ypres......	Ville.	Flandre.

FIN.

CATALOGUE ALPHABÉTIQUE
DU SUPPLÉMENT
DES 1380 VILLES ET ROUTES DE FRANCE.

La marque × veut dire que toutes les Villes & Bourgs auxquels elle eſt jointe, ſont branchés ſur la même Route, avec leur diſtance cotée en lieues.

Feuilles.	A		Provinces.
4e Fle.	AUbigny.	Bourg.	Orléanois.
	Auxerre.	Ville.	Bourgogne.
	Avallon.	Ville.	Bourgogne.
5 F.	Ancerville.	Ville.	Champagne.
6 F.	Aignay.	Bourg.	Bourgogne.
7 F.	Attigny.	Bourg.	Champagne.
	Aubanton.	Bourg.	Thiérache.
9 F.	Albert.	Bourg.	Picardie.
	Amiens.	Ville.	Picardie.
	Anizy.	Bourg.	Launois.
	Avelne.	Ville.	Hainaut.
10 F.	Aubigny.	Bourg.	Artois.
	Aveſne.	Bourg.	Artois.
	Arras.	Ville.	Artois.
	Auxy.	Bourg.	Picardie.
	Airaines.	Bourg.	Amiénois.
	Abbeville.	Ville.	Picardie.
	Argences.	Bourg.	Normandie.
	Andelis *petit.*	Bourg.	Normandie.
	Andelis *grand.*	Bourg.	Normandie.
	Aulnay.	Bourg.	Normandie.
	Anet.	Ville.	Iſle de Franc
14 F.	Avranches.	Ville.	Normandie.
	Auray.	Bourg.	Bretagne.
15 F.	Angers.	Ville.	Anjou.
	Azac.	Bourg.	La Marche.
	Angoulême.	Ville.	Angoumois.
	Argenton. ×	Bourg.	Poitou.
	Argenton × (*Château*).	Bourg.	Poitou.
	Argenton. ×	Ville.	Poitou.
	Aizenay. ×	Ville.	Berri.
	Aubeterre. ×	Bourg.	Angoumois.
16 F.	Agen.	Ville.	Agenois.
	Auvillar.	Ville.	Agenois.
	Aire.	Ville.	Gaſcogne.

Feuilles.			Provinces.
S. 16e. Fle. 16. F.	Auch.	Ville.	Armagnac.
	Alby.	Ville.	Languedoc.
	Aurignac. ×	Ville.	Languedoc.
17 F.	Aubenas.	Ville.	Languedoc.
	Argenton.	Ville.	Berri.
	Argentac.	Ville.	Limoſin.
	Aurillac.	Ville.	Auvergne.
	Aigueperſe.	Bourg.	Auvergne.
	Aubenas. ×	Bourg.	Languedoc.
	Alanche. ×	Bourg.	Auvergne.
	Ambriel. ×	Ville.	Lyonnois.
18 F.	Avignon.	Ville.	Vénaiſſin.
	Anot.	Bourg.	Provence.
	Antibes.	Ville.	Provence.
	Aix.	Ville.	Provence.
	Aubagne.	Bourg.	Provence.
	Arles.	Ville.	Provence.
	Aiguemorte.	Ville.	Languedoc.
	Aniane.	Ville.	Languedoc.
	Agde.	Ville.	Languedoc.
	Alby. ×	Ville.	Languedoc.
	Alet. ×	Ville.	Languedoc.
	Alais. ×	Ville.	Languedoc.
	Apt. ×	Ville.	Provence.
3 F.	Angerville.	Bourg.	Beauce.
	Achere.	Bourg.	Beauce.
2. F.	Ablis.	Bourg.	Iſle de France.
	Authon.	Ville.	Beauce.

	B		
2e. Fle.	BOnneval.	Ville.	Beauce.
	Brou.	Bourg.	Beauce.
	Bonne-Etable.	Bourg.	Maine.
3 F.	Beaugency.	Ville.	Orléanois.

A

Feuilles.	Suite de B.		Provinces.
4e. F[le].	Brinon.	Bourg.	Champagne.
	Bléneau.	Bourg.	Nivernois.
	Beaulieu.	Bourg.	Orléanois.
	Bourges.	Ville.	Berri.
5 F.	Bricy.	Ville.	Lorraine.
6 F.	Bourmont.	Ville.	Lorraine.
	Bugneville.	Bourg.	Lorraine.
	Bourbonne-les-Bains.	Ville.	Champagne.
	Beze.	Bourg.	Bourgogne.
	Bruyere.	Ville.	Lorraine.
	Berſch.	Ville.	Alſace.
	Beauvoir. ×	Bourg.	Franche-Cō-té.
7 F.	Beaumont.	Ville.	Hainault.
	Bruyeres.	Bourg.	Laonnois.
	Bar-le-Duc.	Ville.	Barrois.
	Bouzonville.	Ville.	Lorraine.
	Bitche.	Ville.	Lorraine.
	Bergzabern.	Ville.	Deux-ponts.
	Billirckheim.	Ville.	Palatinat.
8 F.	Brienne-le-Château.	Ville.	Champagne.
	Brie-Comte-Robert.	Ville.	Iſle de France.
9 F.	Baſſée (la).	Ville.	Artois.
	Baray.	Ville.	Hainaut.
	Bohain.	Ville.	Thiérache.
	Blerancourt.	Bourg.	Soiſſonnois.
10 F.	Bergues.	Ville.	Flandre.
	Bourbourg.	Bourg.	Flandre.
	Boſſe (la).	Bourg.	Iſle de France.
	Beaumont.	Ville.	Normandie.
	Bernay. ×	Ville.	Normandie.
	Brionne.	Ville.	Normandie.
	Beuzeville.	Ville.	Normandie.
	Blangis.	Bourg.	Normandie.
	Bretteville. ×	Ville.	Normandie.
	Barfleur.	Ville.	Normandie.
14 F.	Belle-Iſle.	Ville.	Bretagne.
	Breſt.	Ville.	Bretagne.
	Broons.	Bourg.	Bretagne.
15 F.	Bain.	Bourg.	Bretagne.
	Bourgeuil.	Bourg.	Anjou.
	Bourneuf.	Bourg.	Bretagne.
	Bouin.	Bourg.	Bretagne.
	Beauvoir.	Bourg.	Poitou.
	Bournereau.	Bourg.	Poitou.

Feuilles.			Provinces.
Suite de la 15e. F[le].	Barre (la).	Bourg.	Poitou.
	Blanc (le)	Ville.	Berri.
	Beauvais.	Bourg.	Saintonge.
	Brouage.	Bourg.	Aunis.
	Brantome.	Bourg.	Périgord.
	Bergerac.	Ville.	Périgord.
	Bourg.	Ville.	Bordelois.
	Bordeaux.	Ville.	Bordelois.
	Blaye.	Ville.	Bordelois.
	Buzançois. ×	Ville.	Berri.
	Bélac. ×	Ville.	La Marche.
	Bourg ×	Bourg.	Angoumois.
	Brives. ×	Ville.	Limoſin.
16 F.	Bordeaux.	Ville.	Bordelois.
	Bazas.	Ville.	Bazadois.
	Bélin.	Bourg.	Landes.
	Baumarchais.	Bourg.	Armagnac.
	Bayonne.	Ville.	Baſques.
	Bologne. ×	Ville.	Cominges.
17 F.	Brives.	Ville.	Limoſin.
	Bourbon-Lā-cy.	Ville.	Bourgogne.
	Bourg-en-Breſſe.	Ville.	Breſſe.
	Brioude.	Ville.	Auvergne.
	Beauvoiſin. ×	Bourg.	Dauphiné.
	Bourgargētil. ×	Bourg.	Languedoc.
	Billom. ×	Bourg.	Auvergne.
	Beſſe.	Ville.	Auvergne.
	Bradon.	Bourg.	Auvergne.
	Briveſas.	Ville.	Limoſin.
18 F.	Béziers.	Ville.	Languedoc.
	Bellegarde.	Fort.	Rouſſillon.
	Beaux (les).	Bourg.	Provence.
	Beaucaire.	Ville.	Languedoc.
	Barcelōnette, × ou Barcelonne.	Ville.	Provence.

C

Feuilles.			Provinces.
2e. F[le].	CHamprond.	Bourg.	Le Perche.
3. F.	Chartres.	Ville.	Beauce.
	Châteauneuf.	Ville.	Orléanois.
	Châteaudun.	Ville.	Orléanois.
4. F.	Courtenay.	Bourg.	Orléanois.
	Ceriſiers.	Bourg.	Champagne.
	Château-Renard.	Bourg.	Orléanois.
	Chablis.	Ville.	Champagne.
	Coulanges.	Bourg.	Bourgogne.

Feuilles.			Provinces.
Suite de la 4e. Fle	Coulanges ſur Yonne.	Bourg.	Bourgogne.
	Cravant.	Bourg.	Bourgogne.
	Charantenay.	Bourg.	Bourgogne.
	Chatel.	Bourg.	Bourgogne.
	Clamecy.	Ville.	Nivernois.
	Châtillon.	Bourg.	Orléanois.
	Corbeil.	Ville.	Iſle de France.
6 F.	Champlitte.	Bourg.	Franch. Côté.
	Clervaux.	Bourg.	Champagne.
	Chatenois.	Bourg.	Alſace. [té.
	Conflans.	Bourg.	FrancheCom.
	Chaourſe.	Ville.	Champagne.
	Châlons ſur Saone.	Ville.	Bourgogne.
	Chagny.	Ville.	Bourgogne.
	Chalons en Champagn.	Ville.	Champagne.
	Chatenois.	Bourg.	Lorraine.
	Charmes.	Ville.	Lorraine.
	Chatel.	Ville.	Lorraine.
7 F.	Charlemont.	Ville.	Hainaut.
	Chimay.	Ville.	Hainaut.
	Couvin.	Ville.	Hainaut.
	Crepy.	Ville.	Laonnois.
	Coucy.	Ville.	Soiſſonnois.
	Carignan.	Ville.	D. de Bouillō.
	Cormici.	Bourg.	Champagne.
	Crouy.	Bourg.	Brie.
9 F.	Condé.	Ville.	Flandre.
	Cateau (le).	Ville.	Cambreſis.
	Caſtelet.	Ville.	Thiérache.
	Capelle (la).	Ville.	Thiérache.
	Chauny.	Ville.	Picardie.
10 F.	Creſſy.	Bourg.	Picardie.
	Chaumont.	Ville.	Iſle de France.
	Caumont.	Bourg.	Normandie.
	Caniſy.	Bourg.	Normandie.
	Ceriſy.	Bourg.	Normandie.
	Coutance.	Ville.	Normandie.
	Crévecœur. ×	Bourg.	Normandie.
14 F.	Coutance.	Ville.	Normandie.
	Châteauneuf.	Ville.	Bretagne.
	Chatelaudrin.	Bourg.	Bretagne.
	Carhaix.	Ville.	Bretagne.
	Châteaulin.	Ville.	Bretagne.
	Crozon.	Fort.	Bretagne.
	Côquerneau.	Bourg.	Bretagne.
	Croiſic.	Fort.	Bretagne.

Feuilles.			Provinces.
15e. Fle.	Château-Briant.	Bourg.	Bretagne.
	Châteaudulóir.	Ville.	Maine.
	Chalus.	Bourg.	Limoſin.
	Caſtillon.	Bourg.	Bordelois.
	Cognac.	Bourg.	Saintonge.
	Coſes.	Bourg.	Saintonge.
	Cognac.	Ville.	Angoumois.
	Châtelleraud.	Ville.	Poitou.
	Chinon. ×	Ville.	Touraine.
	Châteaugontier. ×	Ville.	Anjou.
	Chateigneray. ×	Bourg.	Poitou.
	Confolent. ×	Ville.	Poitou.
	Chebanois. ×	Ville.	Poitou.
	Châteauneuf. ×	Bourg.	Angoumois.
	Chalais. ×	Bourg.	Angoumois.
	Caſtillon. ×	Bourg.	Bordelois.
	Chauvigny. ×	Bourg.	Poitou.
16 F.	Caſtres.	Ville.	Guyenne.
	Cepferot.	Fort.	Guyenne.
	Cap-Breton.	Fort.	Landes.
	Clérac.	Bourg.	Agénois.
	Condom.	Ville.	Condomois.
	Cahors.	Ville.	Quercy.
	Caſtelnau.	Ville.	Quercy.
	Caſtelnau.	Ville.	Languedoc.
	Caſtres.	Ville.	Languedoc.
	Carcaſſone.	Ville.	Languedoc.
	Caſtelnaudary.	Ville.	Languedoc.
	Caſtelſaraſin.	Bourg.	Gaſcogne.
	Caſtel Léon. ×	Ville.	Eſpagne.
17 F.	Creſſenſac.	Bourg.	Limoſin.
	Clermont.	Ville.	Auvergne.
	Châtillon.	Bourg.	Breſſe.
	Chalamont.	Ville.	Dombes.
	Crémieu.	Bourg.	Dauphiné.
	Côte S. André (la).	Bourg.	Dauphiné.
	Chavanne. ×	Ville.	Breſſe.
	Chambery. ×	Ville.	Savoye.
	Chantelle. ×	Bourg.	Auvergne.
	Condrieu. ×	Bourg.	Lyonnois.
	Chazel. ×	Bourg.	Lyonnois.
18 F.	Carpentras.	Ville.	Vénaiſſin.
	Cavaillon.	Ville.	Vénaiſſin.
	Château-Renard.	Bourg.	Provence.
	Cannes.	Bourg.	Provence.
	Ciotat (la).	Ville.	Provence.

Feuilles.			Provinces.
S. de la 18e. Fle.	Cuers.	Bourg.	Provence.
	Cette.	Fort.	Languedoc.
	Caſtres.	Ville.	Languedoc.
	Carcaſſone.	Ville.	Languedoc.
	Collioure.	Fort.	Rouſſillon.
	D		
2e. Fle. 3 F.	DOurdan.	Ville.	IſledeFrance.
4 F.	Danguillon.	Bourg.	Berri.
	Donzy.	Bourg.	Nivernois.
5 F.	Damvillers.	Ville.	Lorraine.
6 F.	Darnay.	Bourg.	Lorraine.
	Dannemoine.	Bourg.	Champagne
	Dampierre.	Bourg.	Frăche-Cōté.
8 F.	Dienville.	Ville.	Champagne.
	Doulevent.	Ville.	Champagne.
10 F.	Ducler.	Ville.	Normandie.
	Dives.	Ville.	Normandie.
	Damville.	Ville.	Normandie.
14 F.	Dinant.	Ville.	Bretagne.
	Dol.	Ville.	Bretagne.
15 F.	Durtal.	Ville.	Anjou.
	Dorat.	Ville.	La Marche.
16 F.	Damazan.	Ville.	Bazadois.
	Dax.	Ville.	Gaſcogne.
	Daravelle.	Bourg.	Quercy.
17 F.	Douzenac.	Ville.	Limouſin.
	Dorat.	Bourg.	La Marche.
18 F.	Draguignan.	Bourg.	Provence.
	Digne. ×	Ville.	Provence.
	E		
4e. Fle.	EGreville.	Bourg.	Orléanois.
	Entrain.	Ville.	Bourgogne.
5 F.	Eſtain.	Ville.	Lorraine.
8 F.	Eclaron.	Ville.	Champagne.
10 F.	Eſtaire.	Bourg.	Flandre.
	Elbœuf.	Ville.	Normandie.
	Evrecy.	Bourg.	Normandie.
14 F.	Ernée.	Bourg.	Le Maine.
15 F.	Eſſarts (les).	Bourg.	Poitou.
16 F.	Eaure.	Bourg.	Armagnac.
17 F.	Embrun. ×	Ville.	Dauphiné.
18 F.	Entrevaux.	Bourg.	Provence.
	Elne.	Bourg.	Rouſſillon.

Feuilles.	F		Provinces.
6e. Fle.	(la) FErté Aleps	Ville.	IſledeFrance.
	Flavigny.	Bourg.	Bourgogne.
	Furckheim.	Ville.	Alſace.
7 F.	Fere en Tartenois.	Bourg.	Brie.
	Fauquemōt.	Bourg.	Lorraine.
	Forbach.	Bourg.	Lorraine.
	Fribourg. ×	Ville.	Briſgaw.
9 F.	Fere (la).	Ville.	Picardie.
10 F.	Fournhen.	Bourg.	Flandre.
	Fruges.	Bourg.	Artois.
	Fervacque.	Bourg.	Normandie.
14 F.	Faouet (le).	Bourg	Bretagne.
	Fougeres.	Bourg	Bretagne.
15 F.	Fontenay.	Ville	Poitou.
	Force (la).	Bourg.	Perigord.
	Fleche (la).	Ville.	Anjou.
16 F.	Fontarabie.	Ville.	Baſques.
	Fleurence.	Bourg.	Armagnac.
	Feſenſac.	Bourg.	Armagnac.
17 F.	Felletin.	Bourg	Limoſin.
	Feurs. ×	Bourg.	Lyonnois.
18 F.	Forcalquier.	Ville.	Provence.
	Frejus.	Ville.	Provence.
	G		
2e. Fle.	GUé de Lōgroy.	Bourg.	Beauce.
3 F. 4 F.	Gien. ×	Ville.	Orléannois.
5 F.	Gorze.	Bourg.	Lorraine.
	Gondrecourt. Gōdrecourt.	Bourg.	Lorraine.
6 F.	Gy.	Bourg	Franch.Cōté.
	Gray.	Ville.	Frăche Cōté.
	Grancez.	Bourg.	Champagne.
	Giromagny.	Bourg.	Alſace.
	Gerbeviller.	Ville.	Loraine.
	Guemar.	Bourg.	Alſace.
7 E.	Gandelu.	Bourg.	Brie.
	GivetlaVille.	Ville.	Hainaut.
	Givet N. D.	Ville.	Hainaut.
10 F.	Gorgne.	Bourg.	Flandre.
	Gerberoy.	Bourg.	Normandie.
	Gournay.	Bourg.	Normandie.
	Giſors.	Ville.	Normandie.
	Granville.	Ville.	Normandie.

Feuilles.	*Suite de G.*		*Provinces.*
14e. Fle.	Granville.	Ville.	Normandie.
	Guingamp.	Ville.	Bretagne.
	Guers.	Bourg.	Bretagne.
	Guémené.	Bourg.	Bretagne.
	Guerande.	Bourg.	Bretagne.
15 F.	Guerche (la).	Bourg.	Bretagne.
	Garnache (la).	Bourg.	Poitou.
	Gimont.	Bourg.	Saintonge.
16 F.	Gironde.	Bourg.	Bazadois.
	Grizolles.	Bourg.	Languedoc.
	Grenade.	Bourg.	Marsan.
	Gabaret. ×	Bourg.	Armagnac.
17 F.	Gannat.	Bourg.	Bourbonnois
	Grenoble.	Ville.	Dauphiné.
	Gueret. ×	Bourg.	La Marche.
18 F.	Grace.	Ville.	Provence.
	Glandeves.	Ville.	Provence.
	Giniac. ×	Bourg.	Languedoc.
	H.		
4e. Fle.	HEnrichemont.	Bourg.	Berri.
6 F.	Haroue.	Bourg.	Lorraine.
	Huningue.	Ville.	Alsace.
9 F.	Hazebrouck.	Bourg.	Artois.
	Hennin.	Bourg.	Artois.
	Harbonnieres.	Bourg.	Picardie.
10 F.	Huquelieres.	Bourg.	Artois.
	Hondtschoote.	Bourg.	Flandre.
	Heldin.	Ville.	Picardie.
	Houdain.	Bourg.	Artois.
	Honfleur.	Ville.	Normandie.
	Hômes (les).	Bourg.	Normandie.
14 F.	Hennebond.	Bourg.	Bretagne.
15 F.	Herisson.	Bourg.	Poitou.
18 F.	Hiers.	Ville.	Provence.
	I J.		
2e. Fle.	ILliers.	Bourg.	Beauce.
3 F.	Jargeau.	Ville.	Orléanois.
4 F.	Irancy.	Bourg.	Bourgogne.
5 F.	Jametz.	Bourg.	Clermontois.
6 F.	Jonvelle.	Bourg.	Frâche-Côté.
	Is.	Ville.	Bourgogne.
8 F.	Jussey.	Bourg.	Franch.Côté.
15 F.	Jarnac,	Ville.	Angoumois.

Feuilles.			*Provinces.*
16e. Fle.	Jugun.	Bourg.	Armagnac.
17 F.	Issoir.	Bourg.	Auvergne.
	L.		
4e. Fle.	LIgny.	Bourg.	Champagne.
6 F.	Luistre.	Bourg.	Champagne.
	Lorach.	Ville.	Suisse.
7 F.	Landeau.	Ville.	Alsace.
9 F.	Lihons.	Ville.	Picardie.
10 F.	Licque.	Ville.	Boulonnois.
	Luchevy.	Bourg.	Picardie.
	Lyons.	Bourg.	Normandie.
14 F.	Lambale.	Ville.	Bretagne.
	Lannion.	Ville.	Bretagne.
	Lanmeur.	Ville.	Bretagne.
	Landivisiau.	Bourg.	Bretagne.
	Landerneau.	Bourg.	Bretagne.
	Lesneven.	Ville.	Bretagne.
	Locrenau.	Bourg.	Bretagne.
	Laval. }	Ville.	Maine.
15 F.	Laval. }		
	Luçon.	Ville.	Poitou.
	Luine.	Bourg.	Touraine.
	Langets.	Ville.	Touraine.
	Lude.	Bourg.	Maine.
	Loche.	Ville.	Touraine.
	Lusignant.	Ville.	Poitou.
	Limoges.	Ville.	Limosin.
	Libourne.	Ville.	Bordelois.
	Lesparre.	Bourg.	Bordelois.
	Loudun. ×	Ville.	Anjou.
	Lion-Dangers. ×	Ville.	Anjou.
16 F.	Langon.	Bourg.	Bazadois.
	Lusignan.	Bourg.	Agenois.
	Leitoure.	Ville.	Agenois.
	Lescar.	Ville.	Béarn.
	Lisle.	Bourg.	Cominges.
	Lombes.	Ville.	Cominges.
	Lauserte. ×	Bourg.	Quercy.
17e. Fle.	Limoges.	Ville.	Limosin.
	Lion.	Ville.	Lyonnois.
	Lent.	Bourg.	Dombes.
	Libersat.	Bourg.	Limosin.
18 F.	Lunel.	Bourg.	Languedoc.
	Lambes.	Ville.	Provence.
	Lodeve. ×	Ville.	Languedoc.
	Limoux. ×	Ville.	Languedoc.
	Lodun.	Bourg.	Vivarais.

Feuilles.	M.		Provinces.
5e. Fle.	Montlhery.	Ville.	IſledeFrance.
	Maleſherbes.	Ville.	Beauce.
4 F.	Maleſherb.		
	Montbart.	Ville.	Bourgogne.
	Melun.	Ville.	IſledeFrance.
	Mailly.	Bourg.	Bourgogne.
6 F.	Marche (la).	Ville.	Lorraine.
	Mirebeau.	Ville.	Bourgogne.
	Marnay.	Ville.	Frăche-Côté.
	Montbard.	Ville.	Bourgogne.
7 F.	Maubeuge.	Ville.	Hainaut.
	Moncornet.	Ville.	Thiérache.
	Mariembourg.	Ville.	Hainault.
	Marle.	Ville.	Thiérache.
	Montmedy.	Ville.	Lorraine.
	Marville.	Ville.	Lorraine.
8 F.	Mōtiérender.	Bourg.	Champagne.
9 F.	Marchiennes.	Ville.	Flandre.
	Menin.	Ville.	Pays-Bas.
10 F.	Moreuil.	Ville.	Picardie.
	Montdidier.	Ville.	Picardie.
	Marigny.	Bourg.	Normandie.
	Maineville.	Bourg.	Normandie.
	Meru.	Bourg.	IſledeFrance.
	Marine.	Bourg.	IſledeFrance.
	Maiſy.	Bourg.	Normandie.
	Montebourg.	Ville.	Normandie.
	Mortagne. ×	Ville.	Normandie.
	Mézidon. ×	Ville.	Normandie.
14 F.	Mortain.	Ville.	Normandie.
	Matignon.	Ville.	Bretagne.
	Morlaix.	Ville.	Bretagne.
	Moncontour.	Bourg.	Bretagne.
	Maleſtroit.	Bourg.	Bretagne.
15e. Fle.	Martigné.	Bourg.	Bretagne.
	Machecou.	Bourg.	Bretagne.
	Mans (le).	Ville.	Maine.
	Malicorne.	Bourg.	Maine.
	Mareuil.	Ville.	Poitou.
	Maillezais.	Bourg.	Poitou.
	Marans.	Bourg.	Aunis.
	Moſay.	Bourg.	Saintonge.
	Moiſe.	Bourg.	Aunis.
	Marennes.	Ville.	Aunis.
	Mortagne.	Bourg.	Saintonge.
	Mirambeau.	Bourg.	Saintonge.
	Médoc.	Bourg.	Bordelois.
	Montpont.	Bourg.	Périgord.

Feuilles.			Provinces.
S. de la 15e. Fle.	Mucidon.	Bourg.	Périgord.
	Mareuil.	Bourg.	Périgord.
	Mōt-Morillon.	Ville.	Poitou.
	Montaigu.	Ville.	Poitou.
	Mortagne. ×	Ville.	Poitou.
	Mauléon. ×	Ville.	Poitou.
	Mōt-Soreau. ×	Ville.	Saumurois.
	Martizai. ×	Bourg.	Touraine.
	Magnac. ×	Ville.	Marche.
	Mezier. ×	Bourg.	Touraine.
	Mirebeau. ×	Ville.	Saumurois.
	Mont Saint-Savin. ×	Bourg.	Poitou.
	Montreuil. ×	Ville.	Anjou.
	Motte (la). ×	Bourg.	Poitou.
	Mortemar. ×	Ville.	Marche.
	Mont-Bron. ×	Bourg.	Angoumois.
	Marton. ×	Bourg.	Angoumois.
16 F.	Marſan.	Ville.	Marſan.
	Mas (le).	Bourg.	Bazadois.
	Marmande.	Bourg.	Agenois.
	Magiſtere (la).	Bourg.	Agenois.
	Moiſſac.	Ville.	Quercy.
	Mont-Auban.	Ville.	Quercy.
	Montech.	Bourg.	Languedoc.
	Miremont. ×	Bourg.	Quercy.
	Muret. ×	Ville.	Cominges.
17 F.	Moulin.	Ville.	Bourbonnois.
	Maignac.	Ville.	Limoſin.
	Morterol.	Ville.	Limoſin.
	Moiſſiac.	Bourg.	Auvergne.
	Marſigny.	Ville.	Bourgogne.
	Mâcon.	Ville.	Bourgogne.
	Mont-Luet.	Ville.	Breſſe.
	Mont-Briſſon.	Ville.	Forez.
	Moirans.	Bourg.	Dauphiné.
	Marſenac. ×	Bourg.	Auvergne.
	Murat. ×	Bourg.	Auvergne.
	Monpenſier. ×	Ville.	Auvergne.
	Maringues. ×	Bourg.	Auvergne.
	Mande. ×	Ville.	Languedoc.
18 F.	Montdragon.	Ville.	Valentinois.
	Montbrun.	Bourg.	Dauphiné.
	Montpellier.	Ville.	Languedoc.
	Marſeille.	Ville.	Provence.
	N.		
2e. Fle.	NOgent.	Ville.	Perche.
3 F.	Neuville.	Bourg.	Orléanois.

Feuilles.	s. de N.		Provinces.
4e. Fle.	Neury.	Bourg.	Champagne.
	Noyers.	Bourg.	Bourgogne.
	Niderheim.	Ville.	Alſace.
6 F.	Neuf-Château.	Ville.	Lorraine.
	Nogent.	Bourg.	Baſſigny.
7 F.	Neuf-Châtel.	Ville.	Laonois.
	Neuf-Château.	Ville.	Lorraine.
	Notre-Dame de Lieſſe.	Ville.	Laonois.
10 F.	Neuf-Bourg-	Bourg.	Normandie.
	Orbie. ×	Ville.	Normandie.
	Notre-Dame de la Délivrance.	Bourg.	Normandie.
14 F.	Nantes. }	Ville.	Bretagne.
15 F.	Nantes. }		
	Noſay.	Bourg.	Bretagne.
	Nontron.	Bourg.	Angoumois.
16 F.	Nogaro.	Bourg.	Armagnac.
18 F.	Niſmes.	Ville.	Languedoc.
	Narbonne.	Ville.	Languedoc.
	Nice.	Ville.	Piémont.
	O.		
3e. Fle.	OLivet.	Bourg.	Orléanois.
	Ozouer.	Bourg.	Orléanois.
4 F.	Ouanne.	Bourg.	Bourgogne.
	Ouzouer.	Bourg.	Orléanois.
9 F.	Orchie.	Ville.	Flandre.
14 F.	Orient (l').	Ville.	Bretagne.
15 F.	Oleron.	Iſle.	Aunis.
	Olonne.	Fort.	Poitou.
16 F.	Oleron. ×	Bourg.	Béarnois.
	Orthez.	Ville.	Béarnois.
17 F.	Ortan.	Bourg.	Frăche-Côté.
18 F.	Orange.	Ville.	Vénaiſſin.
	P.		
3e. Fle.	PIthiviers.	Ville.	Gâtinois.
4 F.	Poix.	Bourg.	Bourgogne.
5 F.	Pont-à-Mouſſon.	Ville.	Lorraine.
6 F.	Peſme.	Ville.	Frăche-Côté.
	Pontœllier.	Ville.	Bourgogne.
7 F.	Philippeville.	Ville.	Hainaut.
8 F.	Plancy.	Bourg.	Champagne.
9 F.	Puperinge.	Bourg.	Flandre.

Feuilles.			Provinces.
10e. Fle.	Pas.	Bourg.	Picardie.
	Poix.	Bourg.	Amiénois.
	Pacy.	Bourg.	Normandie.
	Pont-Audemer.	Ville.	Normandie.
	Pont-l'Evêque.	Ville.	Normandie.
	Pieux (les).	Ville.	Normandie.
14 F.	Pont-Orſon.	Ville.	Normandie.
	Pont-Farcy.	Bourg.	Normandie.
	Ploemel.	Bourg.	Bretagne.
	Port-Louis.	Ville.	Bretagne.
	Pont-Croix.	Bourg.	Bretagne.
	Pont-Château.	Bourg.	Bretagne.
	Pouliguen.	Bourg.	Bretagne.
15 F.	Poitiers.	Ville.	Poitou.
	Périgueux.	Ville.	Périgord.
	Partenay. ×	Ville.	Saumurois.
	Pouzanges. ×	Bourg.	Poitou.
	Paluau. ×	Bourg.	Poitou.
16 F.	Pau.	Ville.	Béarn.
	Palais.	Ville.	Béarn.
17 F.	Pont-Gibaut.	Bourg.	Auvergne.
	Pont.	Bourg.	Auvergne.
	Puy (le).	Ville.	Vélay.
	Pradelles. ×	Bourg.	Languedoc.
	Paliſſe. ×	Bourg.	Bourbonnois.
18 F.	Pont-Saint-Eſprit.	Ville.	Valentinois.
	Pezenas.	Ville.	Languedoc.
	Perpignan.	Ville.	Rouſſillon.
	Palme (la).	Bourg.	Languedoc.
	Pertuis. ×	Bourg.	Provence.
	Q.		
9e. Fle.	Quénoy (le).	Ville.	Hainaut.
14 F.	Quintin.	Bourg.	Bretagne.
	Quimperlay.	Ville.	Bretagne.
	Quimpercorentin.	Ville.	Bretagne.
	Quintambert.	Bourg.	Bretagne.
	R.		
2e. Fle.	ROchefort.	Ville.	Iſle de France.
6 F.	Recey.	Bourg.	Bourgogne.
	Remberviller.	Ville.	Lorraine.
	Rosheim.	Ville.	Alſace.

Feuilles.	S. de R.		Provinces.
7e. Fle.	Rumigny.	Ville.	Champagne.
	Roloy.	Ville.	Thiérache.
	Revin.	Ville.	Hainaut.
9 F.	Ronbaix.	Bourg.	Flandre.
10 F.	Roulbrugge.	Bourg.	Flandre.
	Reully.	Bourg.	Normandie.
14 F.	Roftrenau.	Bourg.	Bretagne.
	Rofporden.	Ville.	Bretagne.
	Rohan.	Bourg.	Bretagne.
	Roche - Bernard (la).	Bourg.	Bretagne.
	Rhedon.	Bourg.	Bretagne.
	Rennes.	Ville.	Bretagne.
15 F.	Rennes.		
	Rochelle (la).	Ville.	Aunis.
	Rochefort.	Ville.	Aunis.
	Rhedon.	Bourg.	Bretagne.
	Royan.	Bourg.	Saintonge.
	Rochechouart.	Ville.	Poitou.
	Rochefoucaut.	Ville.	Angoumois.
	Richelieu. ×	Ville.	Saumurois.
	Romorentin. ×	Ville.	Orléanois.
16 F.	Roquefort.	Ville.	Marfan.
	Rions.	Bourg.	Guyenne.
	Réole (la).	Bourg.	Bazadois.
	Revel.	Bourg.	Languedoc.
	Rieux.	Ville.	Comminge.
17 F.	Riom.	Ville.	Auvergne.
	Roanne.	Ville.	Lyonnois.
	Romans.	Bourg	Dauphiné.
	Rhodes. ×	Ville.	Languedoc.
18 F.	Rivefaltes.	Ville.	Rouffillon.
	Riez. ×	Ville.	Provence.
	S.		
3e. Fle.	Sorigny.	Bourg.	Touraine.
4 F.	Saint-Florentin.	Ville.	Champagne.
	Semur.	Ville.	Bourgogne.
	Saint-Julien.	Bourg.	Champagne.
	Saint - Fargea	Bourg.	Bourgogne.
	Sancerre.	Ville.	Berri.
	Saint - Gondon.	Ville. Bourg.	Orléanois.
5 F.	Saint-Mihiel.	Ville.	Lorraine.

Feuilles.			Provinces.
6e. Fle.	Semur.	Ville.	Bourgogne.
	Senones.	Ville.	
	Saint-Loup.	Bourg.	Franch.Côté.
	Saint-Hippolyte.	Bourg.	Frâche Côté.
7 F.	Saint-Mihiel.	Ville.	Lorraine.
	Sarrebruck.	Ville.	Naffau.
	Sarreguemine.	Ville.	Lorraine.
	Sarre - Albe.	Ville.	Lorraine.
	Saint-Avold.	Ville.	Lorraine.
8 F.	Sommevoir.	Ville.	Champagne.
	Soulaines.	Bourg.	Champagne.
9 F.	Saint-Venant.	Ville.	Artois.
	Saint-Amand.	Ville.	Flandre.
	Solefmes.	Bourg.	Flandre.
	Saint-Gobain.	Bourg.	Picardie.
10 F.	Sailly.	Bourg.	Flandre.
	Saint-Riquier.	Bourg.	Amienois.
	Songeon.	Bourg.	Normandie.
	Saint Pierre-Eglife.	Bourg.	Normandie.
	Saint-Pierre-Sur-Dive. ×	Ville.	Normandie.
	Saint-Sylvin. ×	Ville.	Normandie.
	Saint-Julien.	Bourg.	Normandie.
	Saint - Lo.	Ville.	Normandie.
14 F.	Saint-Lo.		
	Saint-James.	Ville.	Normandie.
	Saint-Hilaire.	Bourg.	Normandie.
	Saint-Malo.	Ville.	Bretagne.
	Saint-Brieu.	Ville.	Bretagne.
	Saint-Paul de Léon.	Ville.	Bretagne.
	Saint-Nazaire.	Bourg.	Bretagne.
15 F.	Sablé.	Bourg.	Maine.
	Saumur.	Ville.	Saumurois.
	Sainte-More.	Ville.	Touraine.
	Saint-Maixent.	Bourg.	Poitou.
	Saint-Herme.	Bourg.	Poitou.
	Saint-Gilles.	Bourg.	Poitou.
	Soubife.	Ville.	Aunis.
	Saint-Martin.	Ville.	Ifle de Rhé.
	Saint-Savinien.	Bourg.	Saintonge.
	Saintes.	Ville.	Saintonge.
	Saint-Junien.	Ville.	Limofin.
	Saint-Eftephe.	Bourg.	Bordelois.
	Soulac.	Fort.	Bordelois.
	Sainte-Foy.	Ville.	Périgord.
	St. Germain. ×	Ville.	Marche.

Feuilles.	*S. de S.*		*Provinces.*
16e Fle.	Saint-Jean de Luz.	Ville.	Basques.
	St. Macaire.	Ville.	Guienne.
	Souillac.	Ville.	Quercy.
	Sarlat.	Ville.	Périgord.
	St. Bertrand.	Ville.	Cominges.
	St. Gaudens.	Ville.	Nébouzan.
	St. Lizier. ×	Bourg.	Conserans.
17 F.	Souillac.	Ville.	Quercy.
	Saint-Flour.	Ville.	Auvergne.
	Semur.	Bourg.	Bourgogne.
	St. Germain.	Bourg.	Lyonnois.
	St. Marcellin.	Bourg.	Forez.
	St. Chamond.	Bourg.	Forez.
	St. Etienne.	Ville.	Forez.
	St. Pourçain.	Bourg.	Auvergne.
	St. Guerand.	Bourg.	Bourbonnois.
	St. Gervais. ×	Bourg.	Auvergne.
	St. Junien. ×	Ville.	Limosin.
	Saussilange. ×	Bourg.	Auvergne.
	St. Agreve. ×	Ville.	Languedoc.
	St. Claude. ×	Ville.	Frãche-Côté.
	St. Marcellin.	Ville.	Dauphiné.
18 F.	Sisteron.	Ville.	Provence.
	Sault.	Bourg.	Provence.
	Saint-Remy.	Bourg.	Provence.
	Saint-Gilles.	Bourg.	Languedoc.
	St. Guillem.	Bourg.	Languedoc.
	Saint-Jean.	Bourg.	Languedoc.
	Salces.	Bourg.	Roussillon.
	Salon.	Bourg.	Provence.
	St. Maximin.	Ville.	Provence.
	Souliers.	Bourg.	Provence.
	St. Tropez.	Ville.	Provence.
	Saint-Pol.	Bourg.	Provence.
	Senez. ×	Ville.	Provence.
	Saint-Pons. ×	Ville.	Languedoc.
	T.		
5e Fle.	THiaucourt.	Bourg.	Lorraine.
6 F.	Thilchatel.	Bourg.	Bourgogne.
10 F.	Toucques.	Bourg.	Normandie.
	Thorigny.	Bourg.	Normandie.
	Tatihou, *ou* La Hougue.	Ville.	Normandie.
14 F.	Torigny.	Bourg.	Normandie.
	Treguier.	Ville.	Bretagne.
15 F.	Tours.	Ville.	Touraine.

Feuilles.			*Provinces.*
16e Fle.	Testes.	Bourg.	Guienne.
	Tonneins.	Bourg.	Agénois.
	Toulouse.	Ville.	Languedoc.
	Tartas.	Ville.	Gascogne.
	Tarbe.	Ville.	Bigorre.
	Tournay. ×	Ville.	Nébousan.
17 F.	Tulle.	Ville.	Limosin.
	Thiers.	Ville.	Auvergne.
	Tarrare.	Bourg.	Lyonnois.
	Trevoux.	Ville.	Dombes.
	Terrasson. ×	Ville.	Limosin.
18 F.	Tarascon.	Ville.	Provence.
	Toulon.	Ville.	Provence.
	U V W.		
18e Fle.	UZès.	Ville.	Languedoc.
3e Fle.	VEndôme.	Ville.	Orléanois.
4 F.	Vezelay.	Bourg.	Bourgogne.
	Varzy.	Bourg.	Nivernois.
5 F.	Varennes.	Ville.	Clermontois.
	Vaubecourt.	Bourg.	Clermontois.
6 F.	Vittel.	Bourg.	Lorraine.
	Villersevel.	Bourg.	Frãche-Côté.
7 F.	Virton.	Ville.	Luxembourg.
10 F.	Venthie.	Bourg.	Flandre.
	Villiers *grand.*	Ville.	Normandie.
	Villers.	Ville.	Normandie.
	Vire. }	Ville.	Normandie.
14 F.	Vire. }		
	Villers.	Ville.	Normandie.
	Ville Dieu. *la*	Ville.	Normandie.
	Vitré.	Ville.	Bretagne.
	Vannes.	Ville.	Bretagne.
15 F.	Vitré.	Ville.	Bretagne.
	Ville-Dieu(la).	Bourg.	Poitou.
	Vallette (la).	Bourg.	Angoumois.
	Vauvant.	Bourg.	Poitou.
16 F.	Valence.	Bourg.	Agenois.
	Ville-Franche.	Ville.	Languedoc.
	Vic.	Ville.	Bigorre.
	Ville-Frãche. ×	Ville.	Périgord.
17 F.	Verneuil.	Bourg.	Bourbonnois.
	Verpilieres.	Bourg.	Dauphiné.
	Valence.	Ville.	Valentinois.
18 F.	Vaison.	Ville.	Vénaissin.
	Vence.	Ville.	Provence.
	Vabre.	Ville.	Languedoc.
	WEissenbourg.	Ville.	Alsace.

AVIS.

LE fieur DESNOS avertit que ceux qui ont acheté le premier Volume dans le temps qu'il a commencé à paroître, & qui n'auront pas eu le Supplément du Catalogue desdites Routes, ainsi que les cinq Cartes nouvelles qui ont été gravées depuis, numérotées 14, 15, 16, 17, & 18, en rapportant leur Exemplaire, recevront gratuitement ces Cartes & le Supplément du Catalogue, qui contient 10 pages, afin d'avoir l'Ouvrage complet, tel qu'il est actuellement.

Le second Volume de toutes les Routes des Royaumes Etrangers, qui se vendra séparément de celui-ci, paroîtra dans peu, & sera du même prix pour ceux qui se feront fait inscrire après avoir pris ce premier Volume ; & ce second Volume coûtera 6 liv. de plus à ceux qui voudront l'avoir séparément. Plusieurs de ces mêmes Routes se vendent actuellement.

On trouve encore chez le sieur Desnos un autre Ouvrage qui a pour titre : *ATLAS de la France divisée en ses Gouvernements Militaires & en ses Généralités ;* subdivisée en toutes ses Provinces & petits Pays : par M. J. D. B. M. D. Revu & corrigé par différents Auteurs dont les Ouvrages sont aussi connus qu'estimés, en 1765 ; avec toutes les Routes & Chemins de communication d'un endroit à l'autre, & les distances en lieues d'usage dans chaque Province. Ouvrage très-utile aux Commerçants & aux Voyageurs. Quoique ce Volume n'ait pas l'avantage de la Topographie & du Burin des Graveurs modernes, à l'exception d'un certain nombre de Cartes, il intéresse, en ce qu'on voit d'un coup d'œil l'étendue & les bornes de chaque Gouvernement & de chaque Généralité, indépendamment des Routes & des Rivieres navigables. Les Cartes sont proprement lavées & enluminées à la maniere Hollandoise. Ce dernier Volume est du même prix que les précédents.

FIN.

L'INDICATEUR FIDÈLE
ou Guide des Voyageurs,

QUI ENSEIGNE

Toutes les Routes Royales et Particulières de la France, Routes levées Topographiquem.t dès le Commencement de ce Siècle, et Assujetties à une Graduation Géométrique.

CONTENANT

Toutes les Villes, *tous les* Bourgs, Villages, Hameaux, Fermes, Châteaux, Abbayes, Communautés, Eglises, Chapelles, *et autres* Maisons Religieuses; *les* Moulins, *les* Hôtelleries, *les* Justices, *et les Limites des Provinces; les* Fleuves, *les* Rivières, *les* Ruisseaux, *les* Etangs, *les* Marais, *les* Ponts, *les* Gués, *les* Montagnes, *les* Bois, *les* Jardins, *les* Parcs, *les* Avenues, *et les* Prairies, *traversés par les Grandes Routes &c.*

ACCOMPAGNÉ

D'Un Itinéraire Instructif et raisonné sur chaque Route, qui donne le Jour et l'heure du Départ, de la Dinée et de la Couchée tant des COCHES par Eau, que des CAROSSES, DILIGENCES et MESSAGERIES du Royaume, avec le Nombre des Lieuës que ces différentes Voitures font chaque jour.

DRESSÉ PAR LE SIEUR MICHEL,

Ingénieur Géographe du Roy à l'Observatoire.

Et Mis au Jour et Dirigé Par Le S.r DESNOS Ingénieur Géographe pour les Globes, Sphères et Instrumens de Mathématiques.

A PARIS,

Rue S.t Jacques à l'Enseigne du Globe.

Avec Privilège du Roy.

3.e Edition Corrigé, et Considérablement Augmenté, en 1767.

N.B. Personne ne doit ignorer Combien cet Ouvrage a couté de Peines et de Soins pendant plusieurs Années pour le rendre digne du Public les susd. Sieurs persuadés de l'Avantage que l'Indicateur Fidèle ou Guide des Voyageurs peut procurer aux Commerçans, Navigateurs, Voyageurs et à tous ceux qui seront Curieux de s'Instruire de la Distance d'un lieu à un autre, Se Flatte.t de l'avoir rendu si Complet que les Amateurs y trouveront tout ce qu'on peut desirer dans un Ouvrage où l'on n'a rien Epargné pour le porter à la Perfection dont il Etoit Susceptible.

A MONSIEUR CASSINI
DE THURY
SEIGNEUR DE VILLETANEUSE,
Directeur de l'Observatoire Royal,
Maitre des Comptes.
ASSOCIÉ
Des Académies des Sciences de PARIS,
LONDRES, BERLIN, MUNICH &c &c.
DÉDIÉ ET PRÉSENTÉ
Par ses très humbles et très obeissants serviteurs,
Les Srs Michel et Danse, Ingénieurs Géographes.
AVEC PRIVILEGE DU ROY.
M. DCC.LXVII

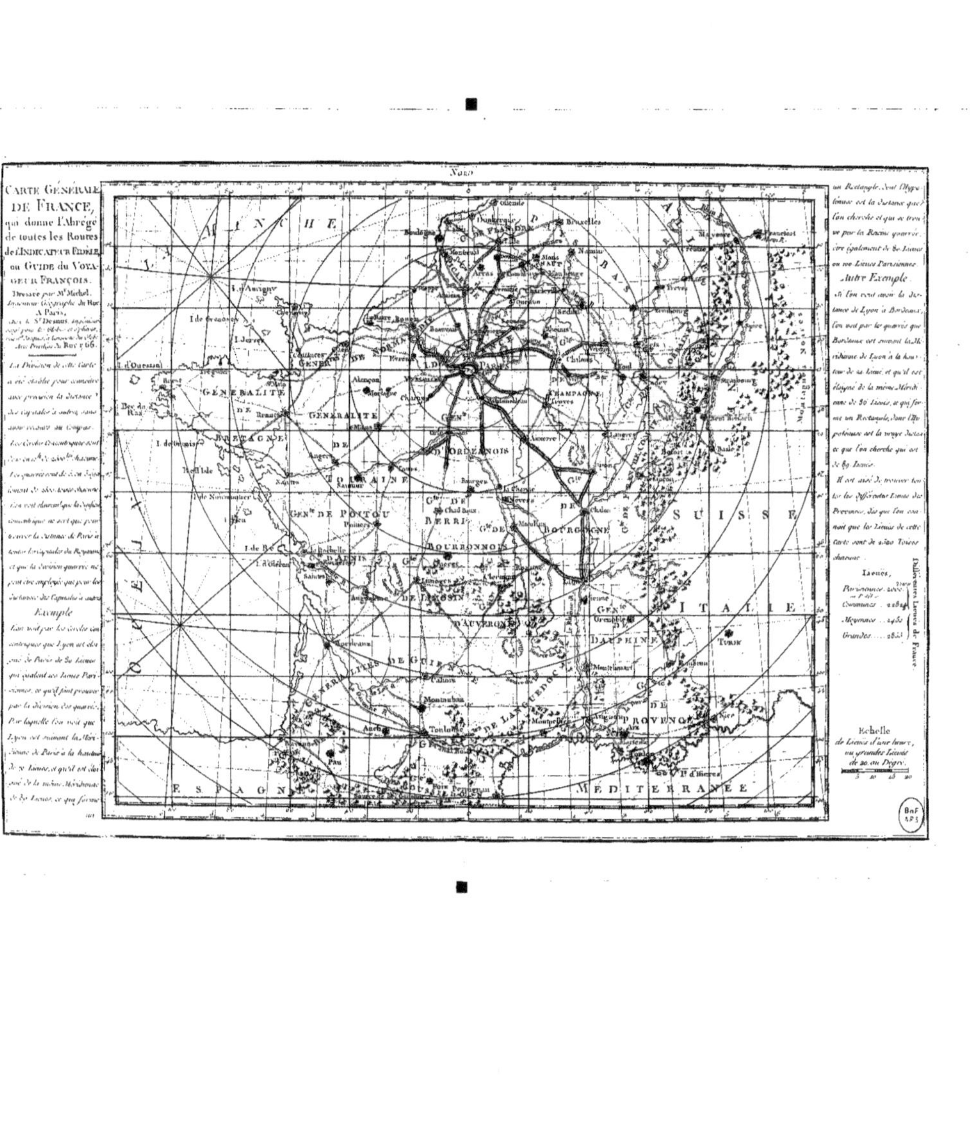
Nord
Carte Générale
de France,
qui donne l'Abrégé
de toutes les Routes
de l'Indicateur Fidele,
ou Guide du Voyageur François.
Dressée par Mr Michel.
A Paris,
Autre Exemple
Lieues,
Echelle
Manche
Espagne
Suisse
Italie
Méditerranée
Généralité de Bretagne
Généralité de Touraine
Gen. de Poitou
Berri
Bourbonnois
Dauphiné
Provence
Champagne
Paris
Bordeaux
Turin

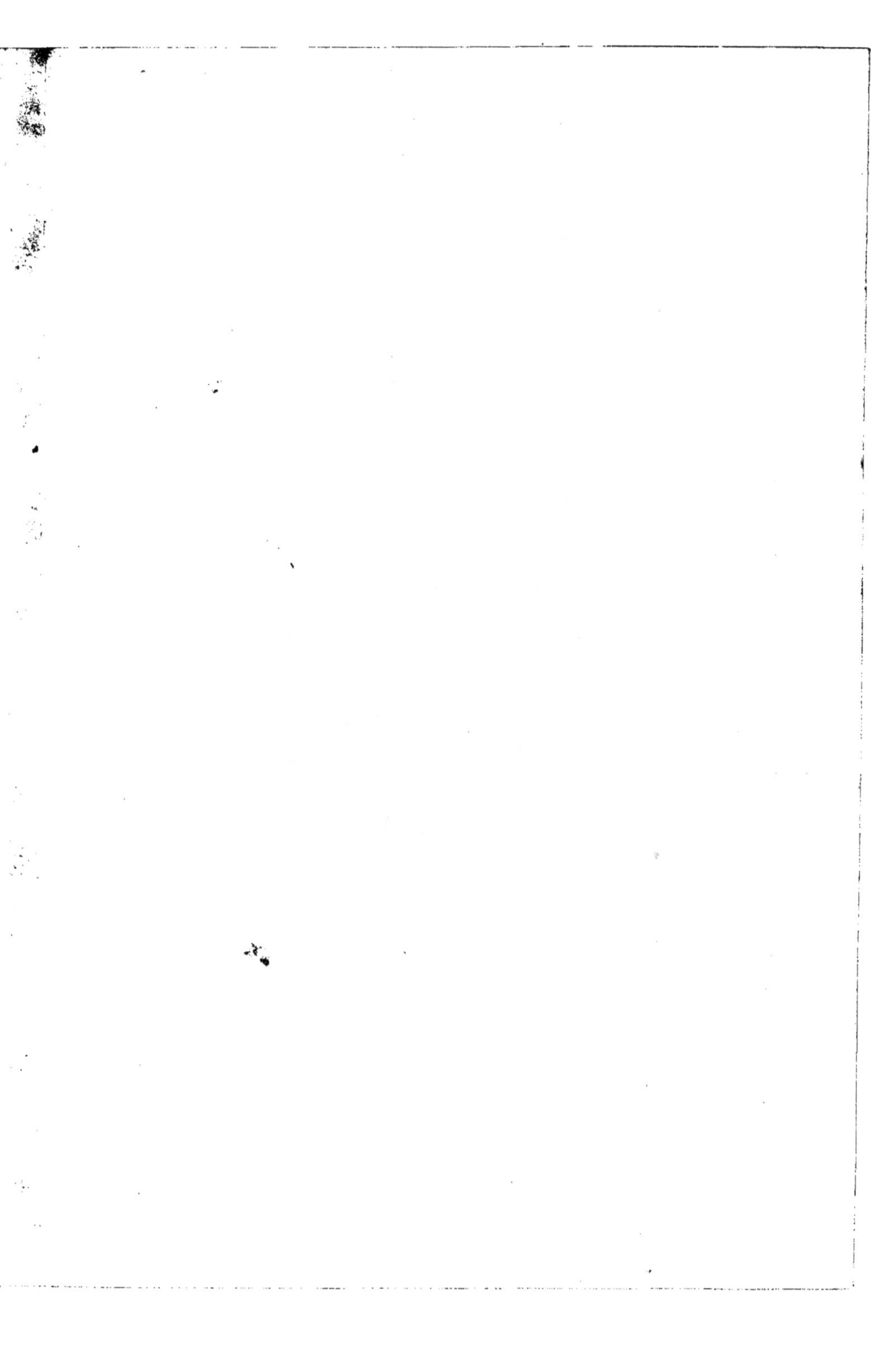

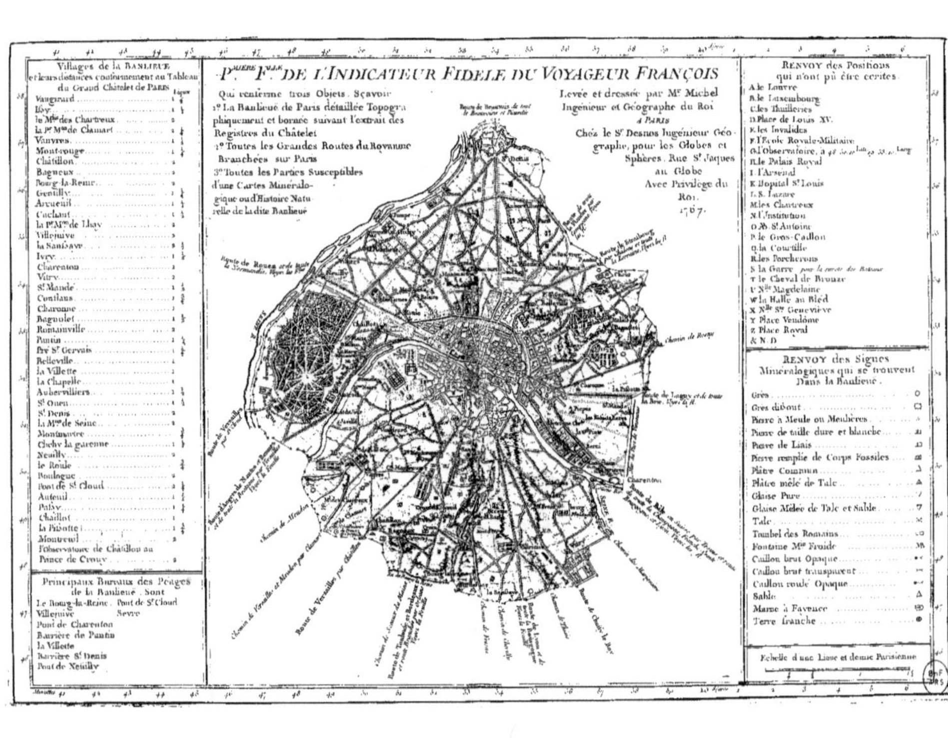

Pᴹᴵᴱᴿᴱ Fᴱᴵᴸᴸᴱ DE L'INDICATEUR FIDELE DU VOYAGEUR FRANÇOIS
Qui renferme trois Objets. Sçavoir
1° La Banlieuë de Paris détaillée Topographiquement et bornée suivant l'extrait des Registres du Châtelet
2° Toutes les Grandes Routes du Royaume Branchées sur Paris
3° Toutes les Parties Susceptibles d'une Cartes Minéralogique ou d'Histoire Naturelle de la dite Banlieuë
Levée et dressée par Mr. Michel Ingénieur et Géographe du Roi
à PARIS
Chés le Sr. Desnos Ingénieur Géographe, pour les Globes et Sphères. Rue St. Jaques au Globe
Avec Privilège du Roi.
1767.
Villages de la BANLIEUE et leurs distances conformement au Tableau du Grand Châtelet de PARIS
Lieues
Vaugirard
Issy
le Mlin des Chartreux
la Pr. Mon de Clamart
Vanvres
Montrouge
Châtillon
Bagneux
Bourg-la-Reine
Gentilly
Arcueil
Cachant
la Pt. Mon de Lhay
Villejuive
la Saussaye
Ivry
Charenton
Vitry
St. Mandé
Conflans
Charonne
Bagnolet
Romainville
Pantin
Pré St. Gervais
Belleville
la Villette
la Chapelle
Aubervilliers
St. Ouen
St. Denis
la Mon de Seine
Montmartre
Clichy la garenne
Neuilly
le Roule
Boulogne
Pont de St. Cloud
Auteuil
Passy
Chaillot
la Pissotte
Montreuil
l'Observatoire de Châtillon au Prince de Crouy
Principaux Bureaux des Péages de la Banlieuë. Sont
Le Bourg-la-Reine
Villejuive
Pont de Charenton
Barrière de Pantin
la Villette
Barrière St. Denis
Pont de Neuilly
Pont de St. Cloud
Sevre
RENVOY des Positions qui n'ont pû être ecrites.
A le Louvre
B le Luxembourg
C les Thuilleries
D Place de Louis XV.
E les Invalides
F l'Ecole Royale-Militaire
G l'Observatoire
H le Palais Royal
I l'Arsenal
K Hopital St. Louis
L S. Lazare
M les Chartreux
N l'Institution
O Ab. St. Antoine
P le Gros-Caillou
Q la Courtille
R les Porcherons
S la Garre pour la retraite des Bateaux
T le Cheval de Bronze
V Nlle Magdelaine
W la Halle au Bled
X Nlle Ste Geneviève
Y Place Vendôme
Z Place Royal
& N. D.
RENVOY des Signes Minéralogiques qui se trouvent Dans la Banlieuë.
Grès
Grès dibout
Pierre à Meule ou Meulières
Pierre de taille dure et blanche
Pierre de Liais
Pierre remplie de Corps Fossiles
Plâtre Commun
Plâtre mêlé de Talc
Glaise Pure
Glaise Mêlée de Talc et Sable
Talc
Tombel des Romains
Fontaine Mre Froide
Caillou brut Opaque
Caillou brut transparent
Caillou roulé Opaque
Sable
Marne à Fayence
Terre franche
Echelle d'une Lieue et demie Parisienne
Route de Rouen et de toute la Normandie
Route de Strasbourg
Charenton
St. Denis

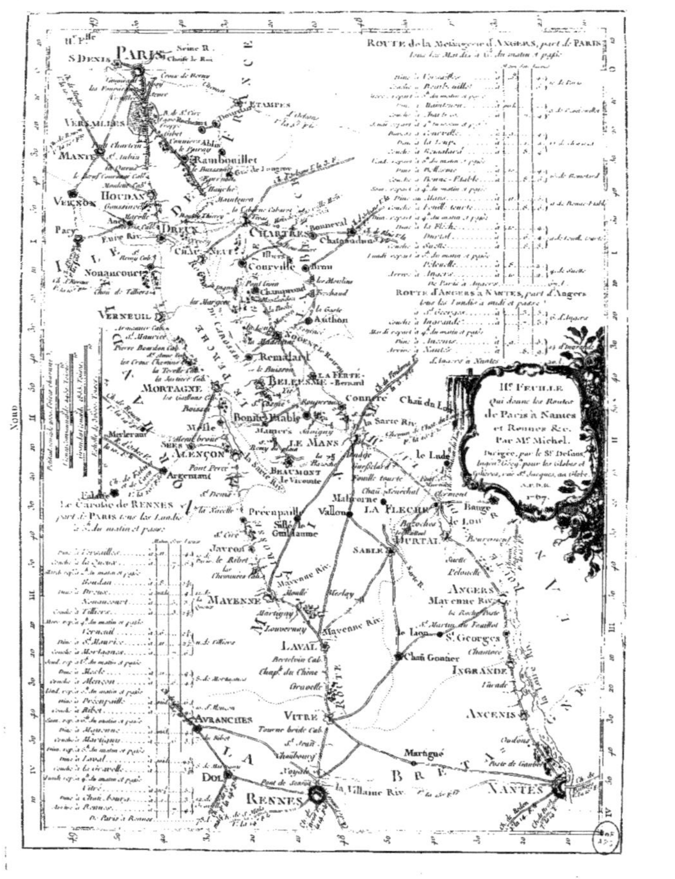

IIe. Feuille
Qui donne les Routes
de Paris à Nantes
et Rennes &c.
Par Mr. Michel.
1767.
Route de la Messagerie d'Angers, part de Paris
Route d'Angers à Nantes, part d'Angers
Le Carosse de Rennes part de Paris
Nord
Paris
S. Denis
Versailles
Rambouillet
Etampes
Mante
Vernon
Houdan
Dreux
Chartres
Chateaudun
Courville
Nonancourt
Verneuil
Mortagne
Remalard
Bellesme
Nogent
Authon
Bonnetable
Le Mans
Alençon
Sées
Argentan
Beaumont le Vicomte
Prée en pail
La Fleche
Sablé
Durtal
Angers
Vallon
Malicorne
le Lude
Baugé
Mayenne
Laval
Vitré
Avranches
Dol
Rennes
Martigné
S. Georges
Ingrande
Ancenis
Nantes
Bretagne
Perche
Maine
Normandie

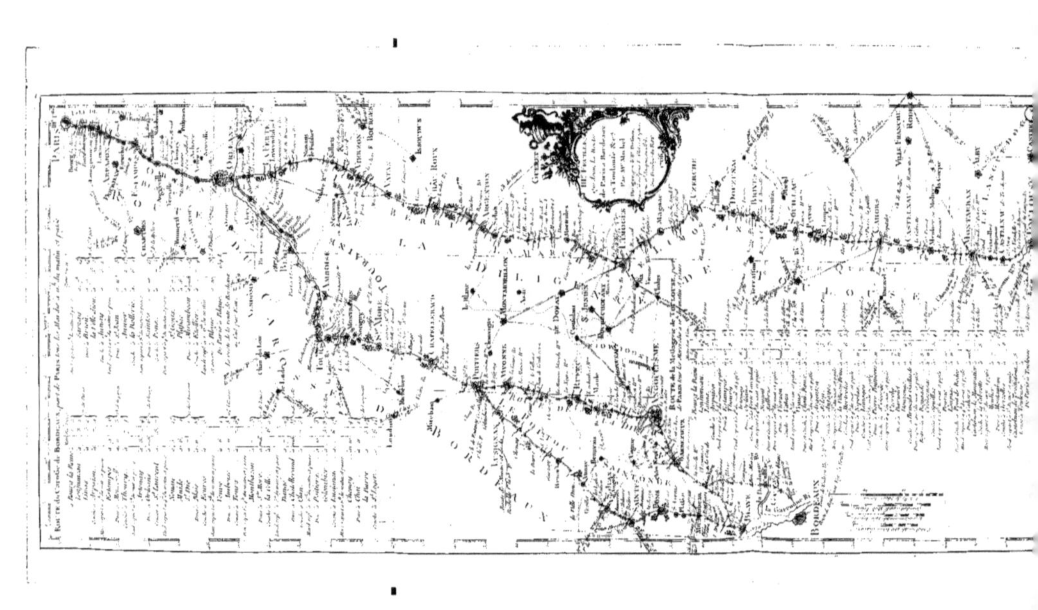

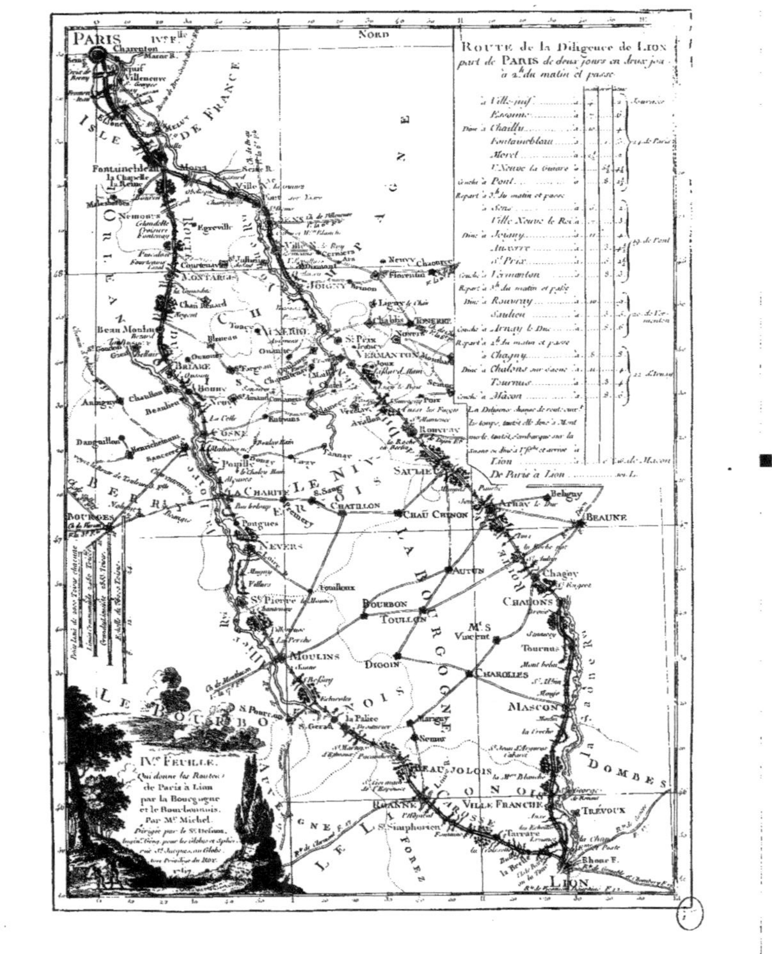

ROUTE de la Diligence de LION part de PARIS de deux jours en deux jou à 2h du matin et passe
IVme FEUILLE. Qui donne les Routes de Paris à Lion par la Bourgogne et le Bourbonnais. Par Mr Michel.
NORD
PARIS
LION
ISLE DE FRANCE
LA BOURGOGNE
LE NIVERNOIS
BERRY
DOMBES
FOREZ
Fontainebleau
Nemours
Montargis
Briare
Cosne
La Charité
Nevers
Moulins
Bourges
Auxerre
Vermanton
Saulieu
Beaune
Chagny
Chalons
Tournus
Mascon
Ville Franche
Trévoux
Roanne
Autun
Charolles
Digoin
Bourbon
Chatillon
Chau Chinon

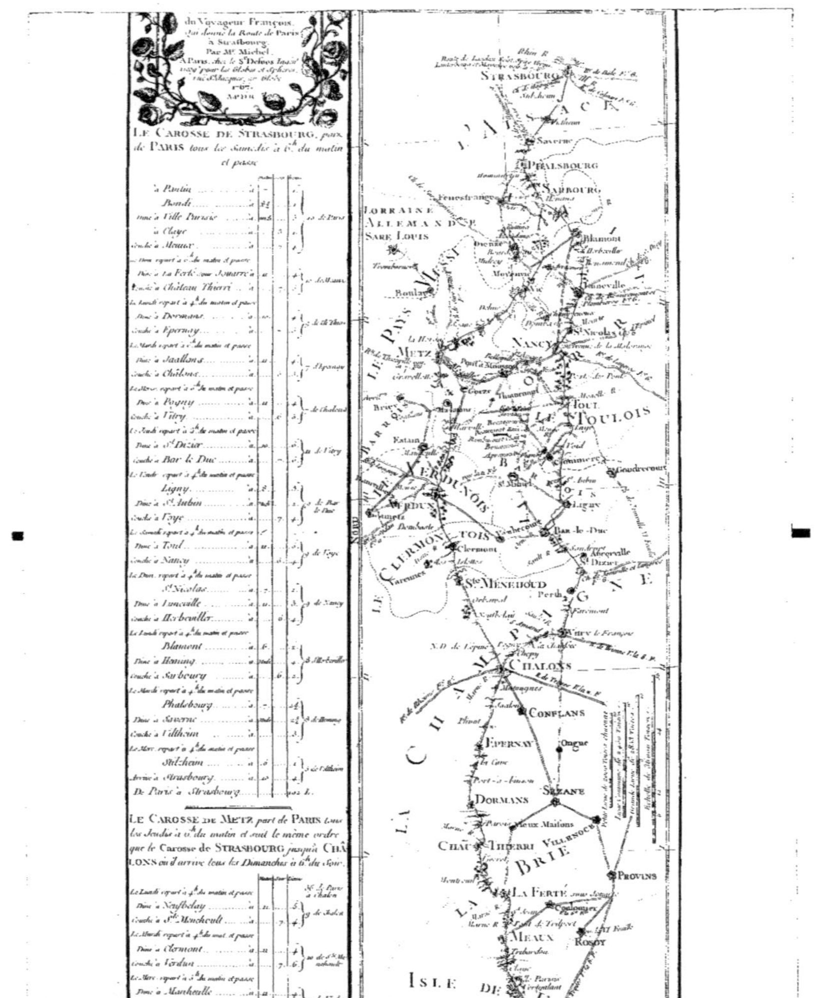
du Voyageur François.
qui donne la Route de Paris
à Strasbourg.
Par Mr. Michel.
A Paris, chez le Sr. Desnos
LE CAROSSE DE STRASBOURG, part de PARIS tous les Samedis à 6h. du matin et passe
à Pantin
Bondi
Dîne à Ville Parisis
à Claye
Couche à Meaux
Dîne à La Ferté sous Jouarre
Couche à Château Thierri
Le Lundi repart à 4h. du matin et passe
Dîne à Dormans
Couche à Epernay
Le Mardi repart à 4h. du matin et passe
Dîne à Jaallons
Couche à Châlons
Le Mercr. repart à 4h. du matin et passe
Dîne à Pogny
Couche à Vitry
Le Jeudi repart à 3h. du matin et passe
Dîne à St. Dizier
Couche à Bar le Duc
Le Vendr. repart à 4h. du matin et passe
Ligny
Dîne à St. Aubin
Couche à Voye
Le Samedi repart à 4h. du matin et passe
Dîne à Toul
Couche à Nancy
Le Dim. repart à 4h. du matin et passe
St. Nicolas
Dîne à Luneville
Couche à Herbeviller
Le Lundi repart à 4h. du matin et passe
Blamont
Dîne à Heming
Couche à Sarbourg
Le Mardi repart à 4h. du matin et passe
Phalsbourg
Dîne à Saverne
Couche à Vilthein
Le Mercr. repart à 4h. du matin et passe
Stilzheim
Arrive à Strasbourg
De Paris à Strasbourg
LE CAROSSE DE METZ part de PARIS tous les Jeudis à 6h. du matin et suit le même ordre que le Carosse de STRASBOURG jusqu'à CHÂLONS où il arrive tous les Dimanches à 6h. du Soir.
Le Lundi repart à 4h. du matin et passe
Dîne à Neufbelay
Couche à Ste. Menehoult
Le Mardi repart à 4h. du mat. et passe
Dîne à Clermont
Couche à Verdun
Le Mercr. repart à 3h. du matin et passe
Dîne à Manheulle
Couche à Mars la Tour
STRASBOURG
Saverne
PHALSBOURG
SARBOURG
LORRAINE ALLEMANDE
SARE LOUIS
Blamont
Luneville
METZ
LE PAYS MESSIN
NANCY
TOUL
LE TOULOIS
VERDUN
LE VERDUNOIS
Bar le Duc
Ligny
CLERMONTOIS
Clermont
Ste. MENEHOUD
St. Dizier
Vitry le François
CHALONS
CONFLANS
EPERNAY
SEZANE
DORMANS
CHATEAU THIERRI
BRIE
LA FERTÉ sous Jouarre
PROVINS
MEAUX
ROSOY
LA CHAMPAGNE
ISLE DE FR

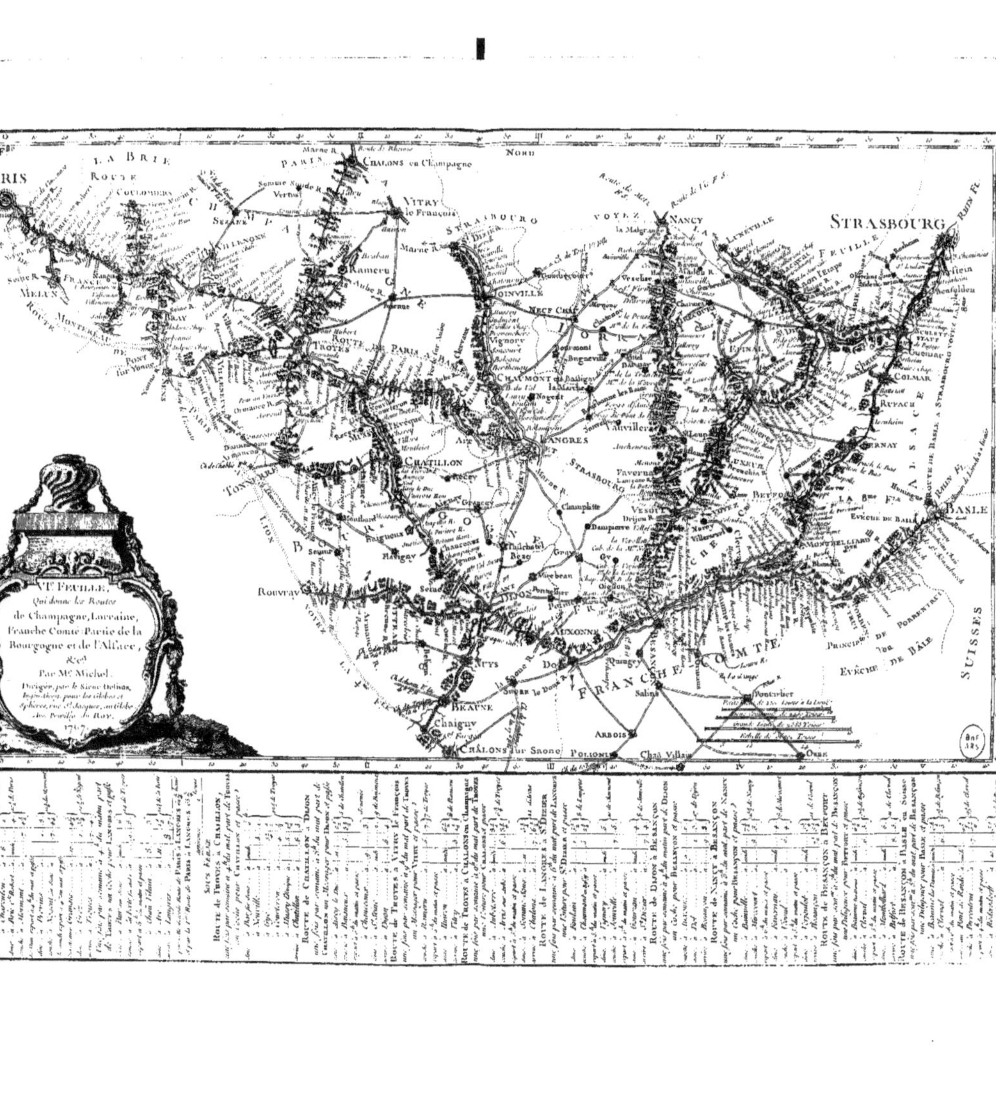
VI.e FEUILLE,
Qui donne les Routes
de Champagne, Lorraine,
Franche Comté: Partie de la
Bourgogne et de l'Alsace,
&c.a
Par M.r Michel.
Par M.r Michel.
1767.
NORD
LA BRIE
CHALONS en Champagne
VITRY le François
STRASBOURG
NANCY
TROYES
JOINVILLE
CHAUMONT en Bassigni
LANGRES
CHATILLON
TONNERRE
COLMAR
BASLE
BEAUNE
AUXONNE
FRANCHE COMTE
ARBOIS
CHALONS sur Saone
SUISSES
ALSACE

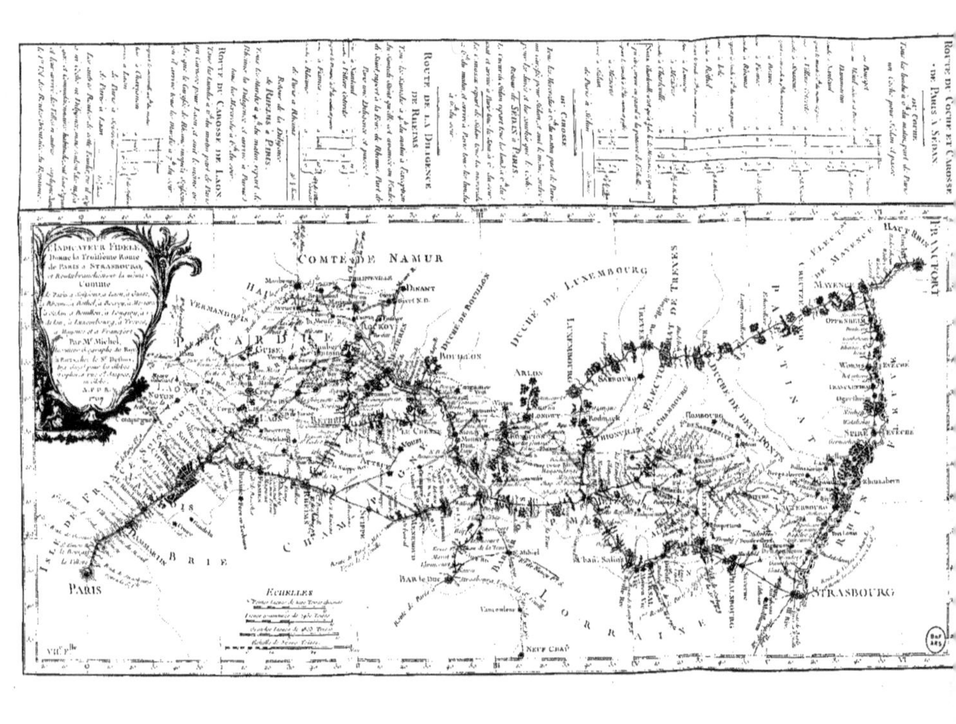
L'INDICATEUR FIDELE,
Donne la Troisième Route
de PARIS à STRASBOURG,
Comme
Par Mr Michel,
1769
ROUTE DE COCHE ET CAROSSE DE PARIS A SEDAN
ROUTE DE LA DILIGENCE DE RHEIMS
ROUTE DU CAROSSE DE LAON
COMTÉ DE NAMUR
VERMANDOIS
PICARDIE
DUCHÉ DE LUXEMBOURG
DUCHÉ DE BOUILLON
DUCHÉ DE DEUX PONTS
ELECT. DE TREVES
ELECT. DE MAYENCE
PALATINAT
CHAMPAGNE
LORRAINE
ISLE DE FRANCE
BRIE
PARIS
STRASBOURG
FRANCFORT
MAYENCE
DINANT
ROCROY
BOUILLON
ARLON
GUISE
NOYON
SOISSONS
LAON
RHEIMS
SEDAN
THIONVILLE
SARLOUIS
BAR le Duc
NEUF CHAT.
Vaucouleurs
HOMBOURG
OPPENHEIM
WORMS
SPIRE
LAUTERBOURG
ECHELLES

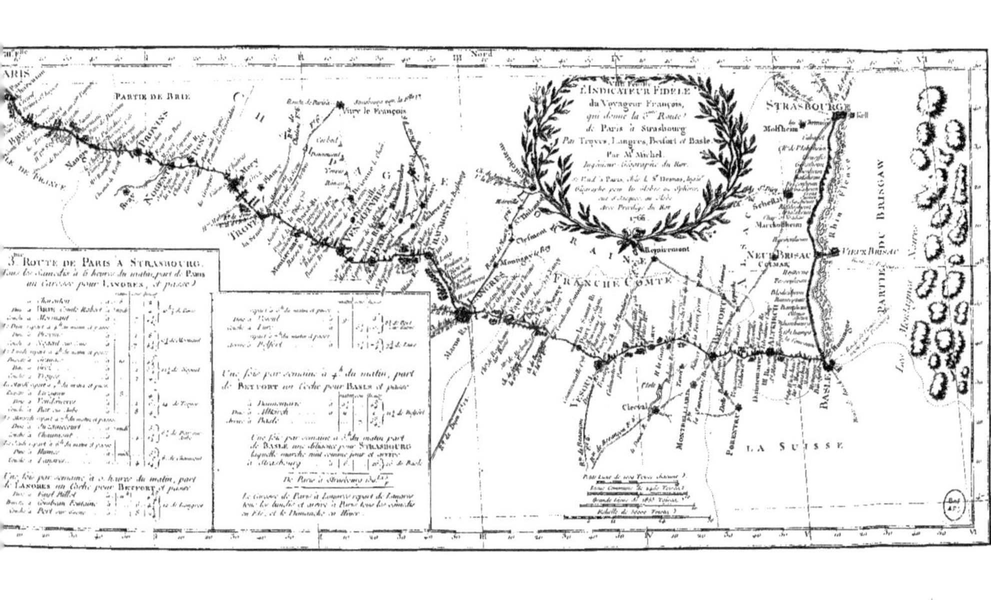

Nord
L'INDICATEUR FIDELE
du Voyageur François,
de Paris à Strasbourg
Par Troyes, Langres, Befort et Basle.
Par Mr Michel.
1766.
3me Route de Paris à Strasbourg.
Une fois par semaine à 4h du matin, part
de Betfort un Coche pour Basle et passe
De Paris à Strasbourg
PARTIE DE BRIE
Vitry le François
Provins
Nogent
Mory
Troyes
Langres
Montigny le Roy
Remiremont
FRANCHE COMTE
Befort
Montbelliard
Porentru
Clerval
Strasbourg
Molsheim
Kell
Neuf Brisac
Colmar
Vieux Brisac
Marckolsheim
Basle
LA SUISSE
PARTIE DU BRISGAW
Rhin Fleuve

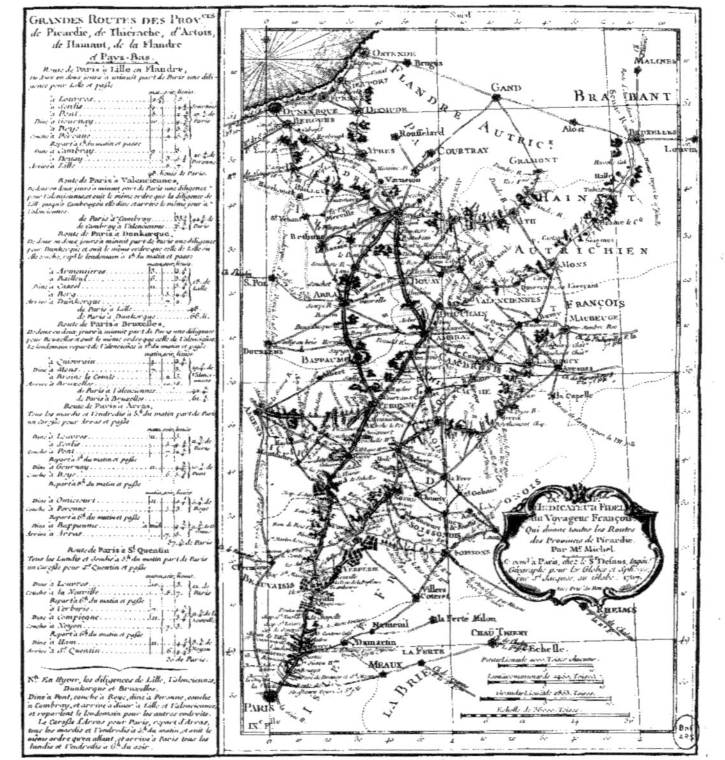
GRANDES ROUTES DES PROV.CES
de Picardie, de Thiérache, d'Artois,
de Hainaut, de la Flandre
et Pays-Bas.
Route de Paris à Lille en Flandre,
Route de Paris à Valenciennes,
Route de Paris à Dunkerque,
de Paris à Lille
Route de Paris à Bruxelles,
Route de Paris à Arras,
Route de Paris à St. Quentin
Du Voyageur François
Qui donne toutes les Routes
des Provinces de Picardie.
Par Mr. Michel.
Nord
OSTENDE
Bruges
GAND
BRABANT
MALINES
BRUXELLES
Alost
FLANDRE
COURTRAY
GRAMONT
HAINAUT
AUTRICHIEN
MONS
FRANÇOIS
VALENCIENNES
DOUAY
S. POL
DOULENS
BAPPAUME
SOISSONS
La Fere
LAONOIS
REIMS
la Ferte Milon
CHAU. THIERY
Dammartin
MEAUX
LA FERTE
LA BRIE
PARIS
Echelle.

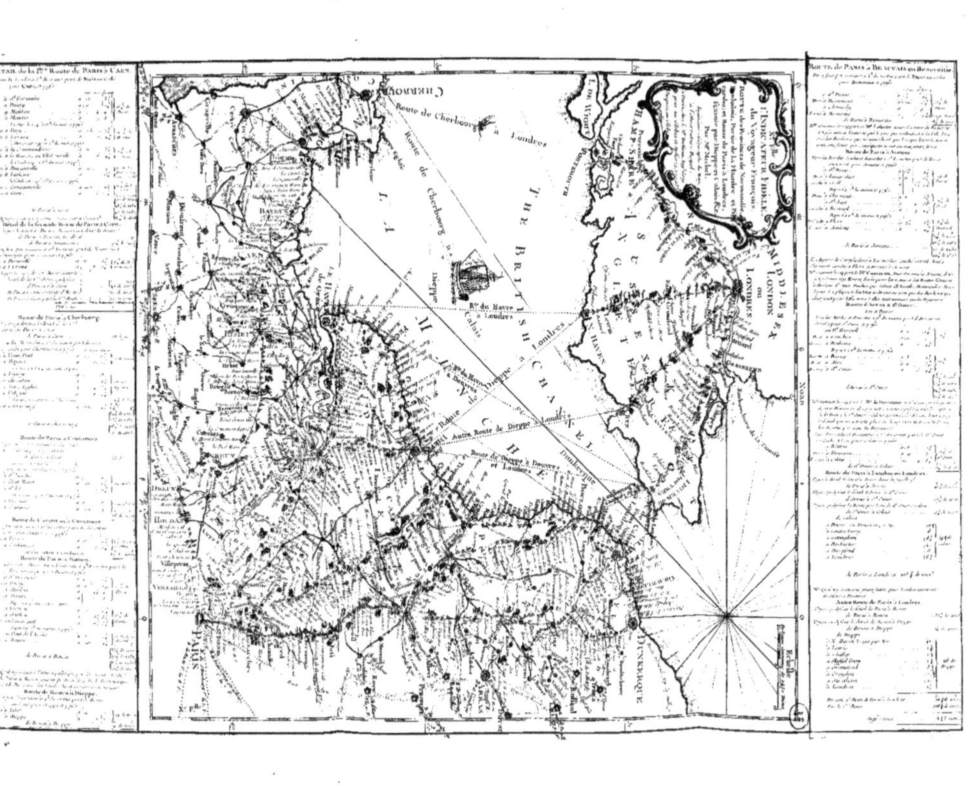

Route de Cherbourg à Londres
THE BRITISH CHANNEL
LONDON ou LONDRES
MIDDLESEX
DUNKERQUE
PARIS
VERSAILLES

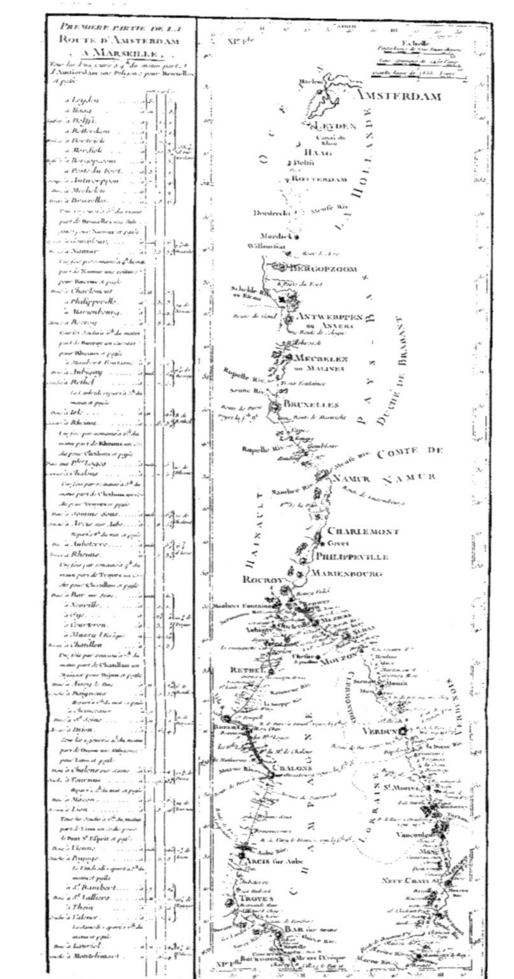
PREMIERE PARTIE DE LA
ROUTE D'AMSTERDAM
A MARSEILLE
AMSTERDAM
LEYDEN
HAAG
Delft
ROTTERDAM
LA HOLLANDE
Dordrecht
Meufe Riv.
Moerdick
BERGOPZOOM
ANTWERPPEN ou ANVERS
MECHELEN ou MALINES
BRUXELLES
PAYS - BAS
DUCHÉ DE BRABANT
COMTE DE NAMUR
NAMUR
Sambre Riv.
HAINAULT
CHARLEMONT
Givet
PHILIPPEVILLE
MARIENBOURG
ROCROY
RETHEL
MOUZON
SEDAN
VERDUN
CLERMONTOIS
VERDUNOIS
CHALONS
CHAMPAGNE
LORRAINE
ARCIS sur Aube
TROYES
BAR sur Seine
NEUF CHATEAU

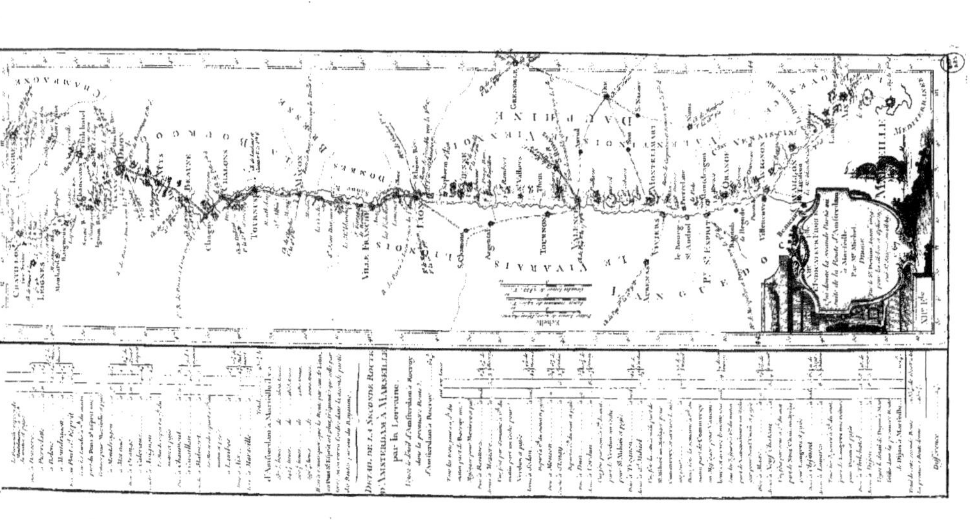

Grande Route de Strasbourg à Wienne en Autriche,

Detail de la Route par Terre.

a Fort de Kehl
a Bischofsheim
a Stollhofen
a Rastadt
a Etlingen
a Pforzheim
a Entzweingen
a Stuttgart
a Canstadt
a Blochingen
a Geppingen
a Geisling
a Westerstetten
a Ulm
a Guntzburg
a Zusmerhausen
a Augsbourg
a Schwabhausen
a Munich
a Hang
a Ampfing
a Alt Otting
a Markel
a Braunau
a Altheim
a Ried
a Haag
a Lambach
a Wels
a Lintz
a Ens
a Strengberg
a Amstetten
a Kemmelbach
a Molck
a St. Polten
a Perschling
a Sigartskirch
a Purkersdorf
a Wienne

Route par Eau.

de Strasbourg a Ulm

a Tuln

de Strasbourg a Wienne

Il est à remarquer,

L'Indicateur Fidele du Voyageur François. Par Mr. Michel, Ingenieur-Géographe du Roy a l'Observatoire Royal. Dirigé

Par le Sr. Desnos, Ingenieur-Geographe pour les Globes, Spheres et Instruments de Mathematiques, rue St. Jacques, a l'Enseigne du Globe. A Paris 1766.

Echelle de dix milles d'Allemagne

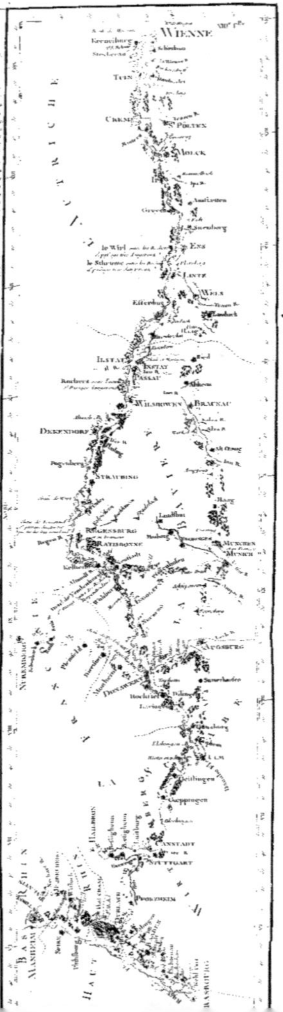

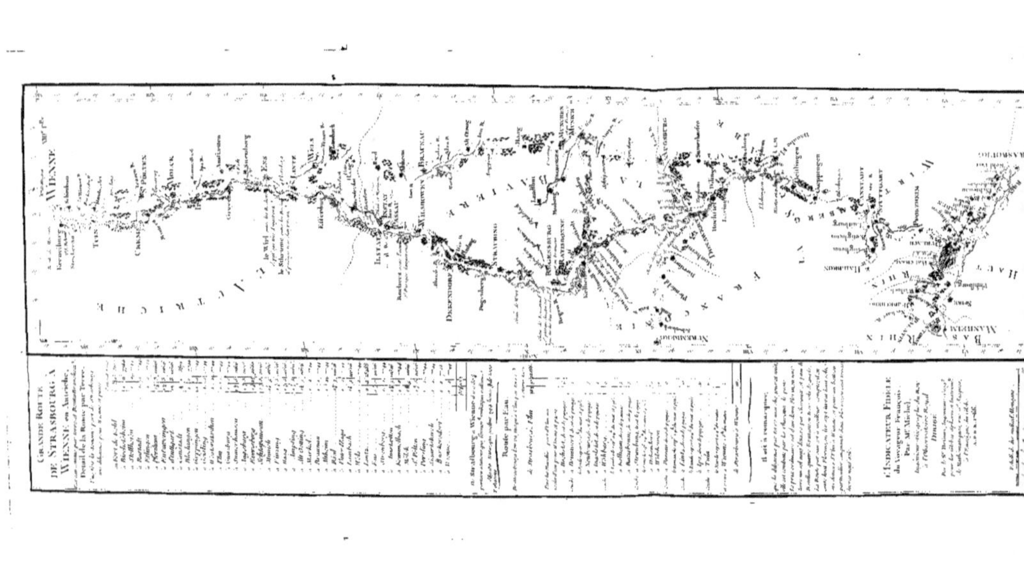

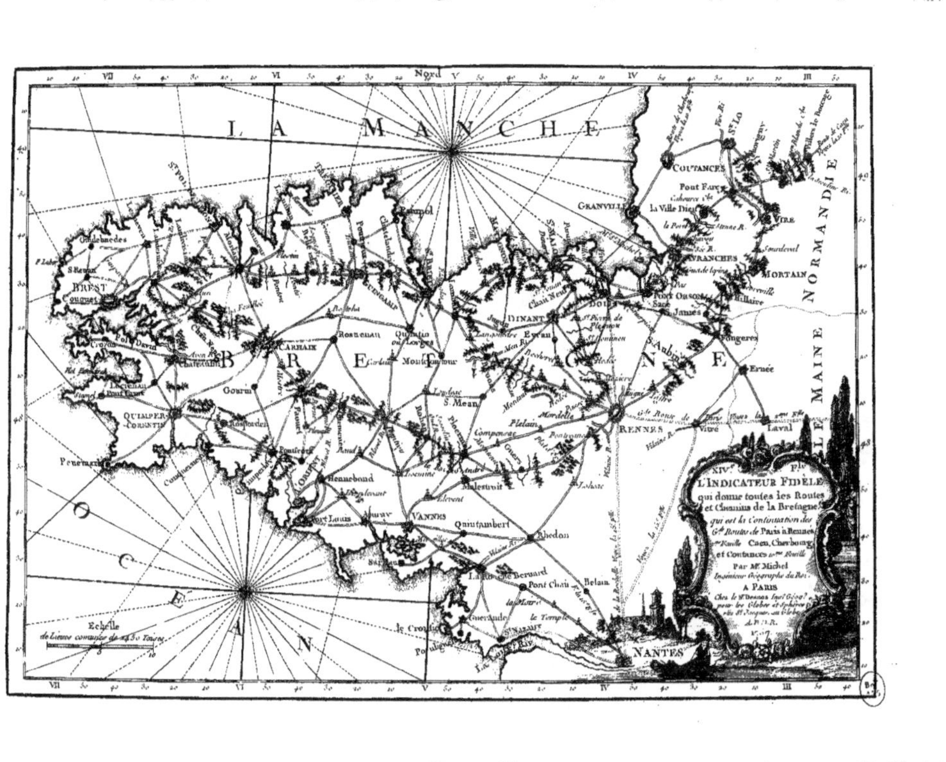
XIV.e F.le
L'INDICATEUR FIDÈLE
qui donne toutes les Routes
et Chemins de la Bretagne
qui est la Continuation des
G.des Routes de Paris à Rennes
Caen, Cherbourg
et Coutances
Par M.r Michel
Ingénieur Géographe du Roi
A PARIS
LA MANCHE
BRETAGNE
OCEAN
LE MAINE
NORMANDIE
Nord
BREST
QUIMPER CORENTIN
CARHAIX
RENNES
NANTES
VANNES
DINANT
COUTANCES
GRANVILLE
VIRE
MORTAIN
S.t LO
Laval
Vitré
Ernée
Fougeres
Rhedon
Hennebond
Port Louis
Malestroit
Quintin
Rosteneau
Pont Chau
Belain
Echelle

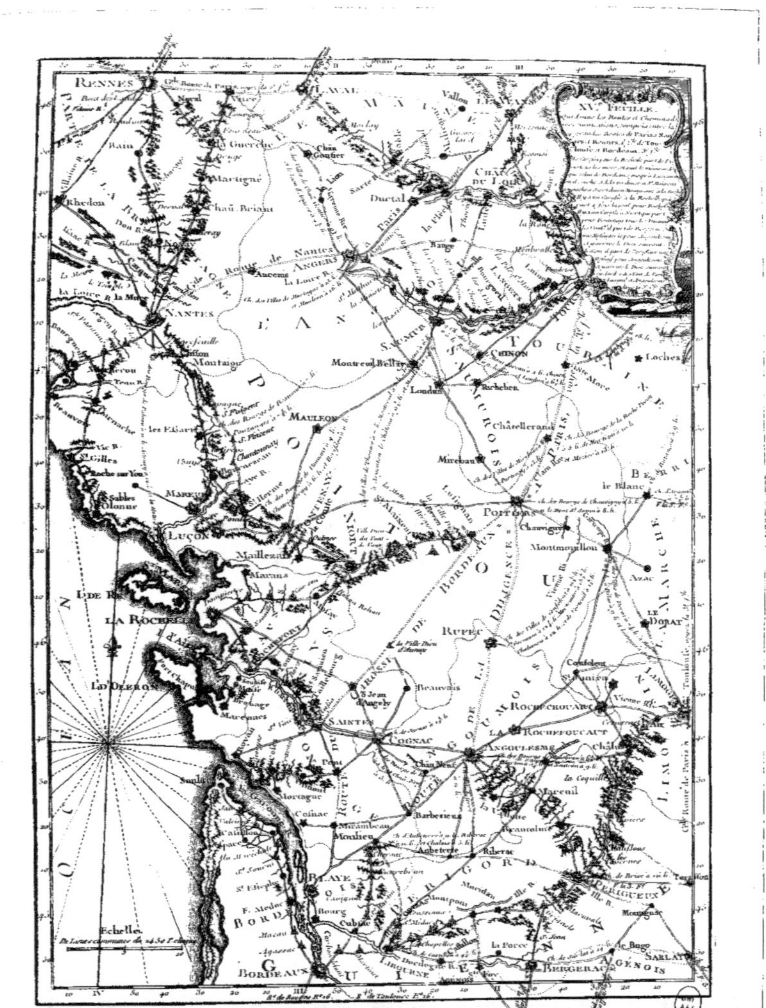

XV.e FEUILLE
RENNES
LAVAL
NANTES
ANGERS
Montreuil Bellay
CHINON
Loudun
Richelieu
Châtellerault
MAULEON
Mirebeau
POITIERS
NIORT
LUÇON
Maillezais
LA ROCHELLE
I.LE DE RÉ
I.LE D'OLERON
Marennes
SAINTES
COGNAC
ANGOULESME
LA ROCHEFOUCAULT
ROCHECHOUART
Ruffec
Montmorillon
le Blanc
LE DORAT
BLAYE
BORDEAUX
Libourne
BERGERAC
PERIGUEUX
SARLAT
Barbezieux
Confolent
Loches
Echelle

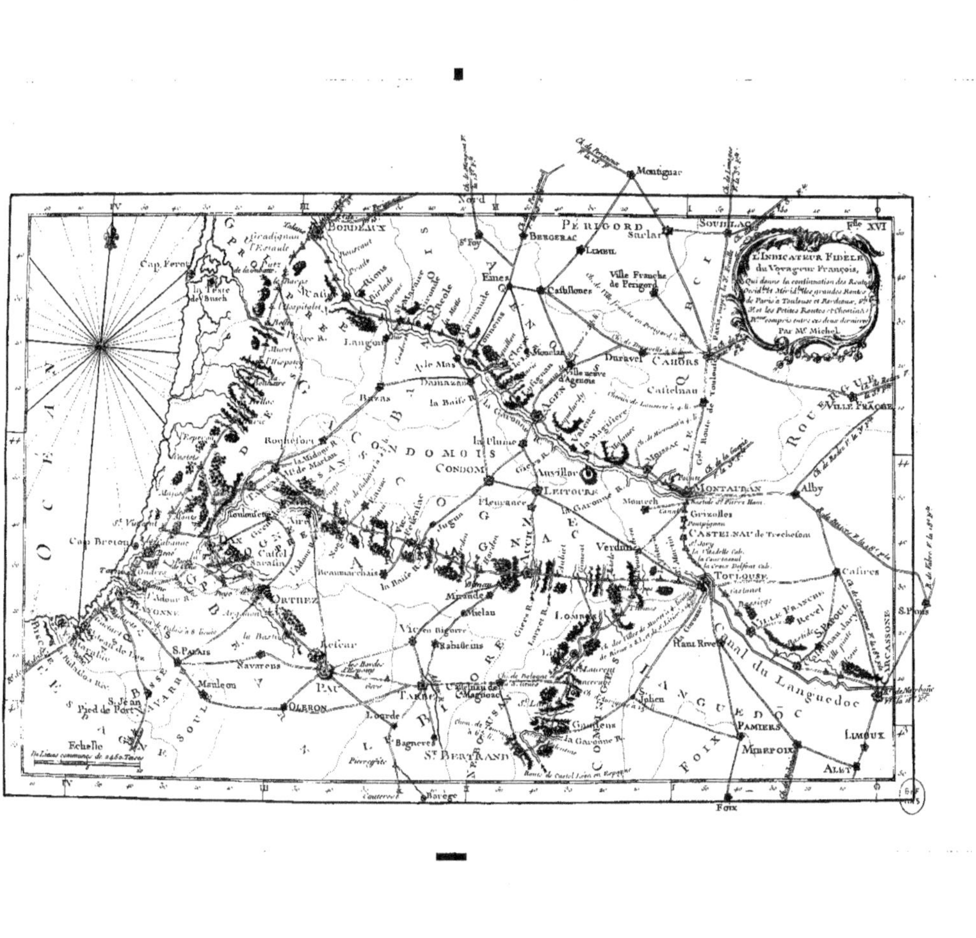
Fle XVI
L'Indicateur Fidèle
du Voyageur François,
Qui donne la continuation des Routes
Occidles et Méridles des grandes Routes
de Paris à Toulouse et Bordeaux, &c.
et les Petites Routes et Chemins
compris entre ces deux dernières
Par Mr. Michel.
Bordeaux
Bergerac
Perigord
Souillac
Sarlat
Montignac
Cahors
Montauban
Toulouse
Castelnau
Ville Franche de Perigord
Alby
Castres
Carcassone
Limoux
Pamiers
Mirepoix
Foix
Condom
Condomois
Leitoure
Agen
Auvillar
Moissac
Verdun
Grizolles
Revel
Pau
Oleron
Orthez
Tarbe
Lourde
Bagneres
St. Bertrand
Bayonne
Dax
Navarens
Mauleon
Mirande
Beaumarchais
Langon
Bazas
Roquefort
Cap Breton
Cap Feret
la Teste de Busch
Canal du Languedoc
Echelle

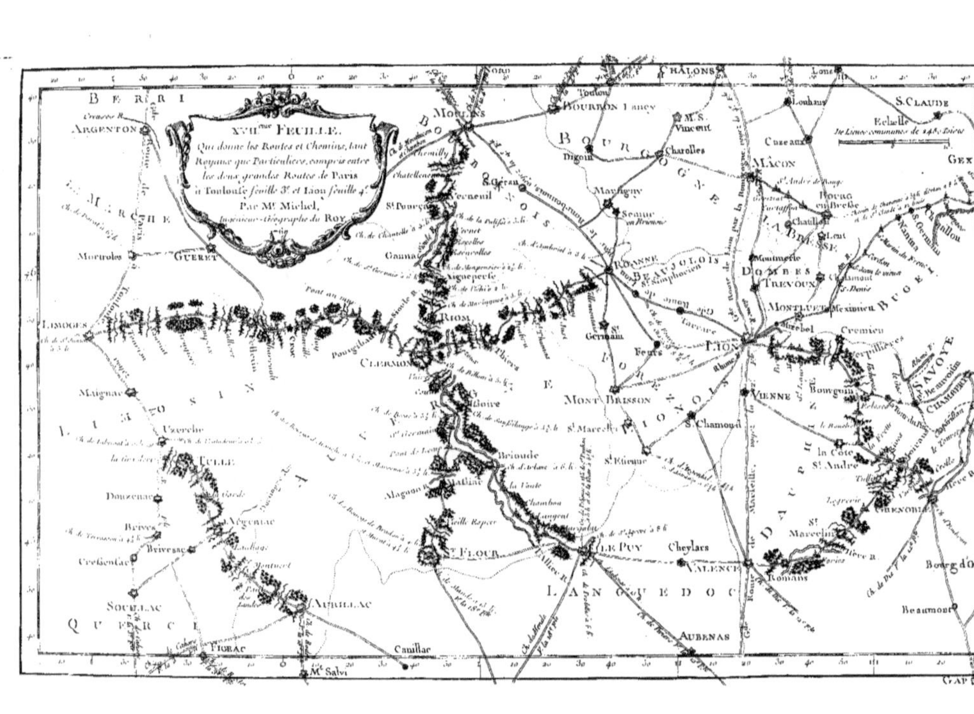

XVII.eme FEUILLE,
Qui donne les Routes et Chemins, tant Royaux que Particuliers, compris entre les deux grandes Routes de Paris à Toulouse feuille 3e et Lion feuille 4e.
Par Mr Michel,
Ingénieur-Géographe du ROY.
BERRI
ARGENTON
GUERET
LIMOGES
MOULINS
BOURBON Lancy
CHALONS
S.CLAUDE
MÂCON
ROANNE
BEAUJOLOIS
DOMBES
TREVOUX
MONTLUEL
LION
CLERMONT
RIOM
Maignac
Uzerche
TULLE
Brioude
S.T FLOUR
LE PUY
Cheylars
VALENCE
Romans
GRENOBLE
VIENNE
MONT BRISSON
St. Chamond
St. Etienne
AURILLAC
FIGEAC
Camillac
AUBENAS
LANGUEDOC
QUERCI
SOUILLAC
Brives
Donzenac
Crelliac
Gannat
Thiers
Issoire
Beaumont
Bourg d'Ois
GAP
GEX
SAVOYE
CHAMBERY
BUGEY
Nantua
Bourg en Bresse
Charolles
Digoin
Marcigny
Semur en Brionnois
Feurs
Cremieu
Bourgoin
Louhans
Cuseaux

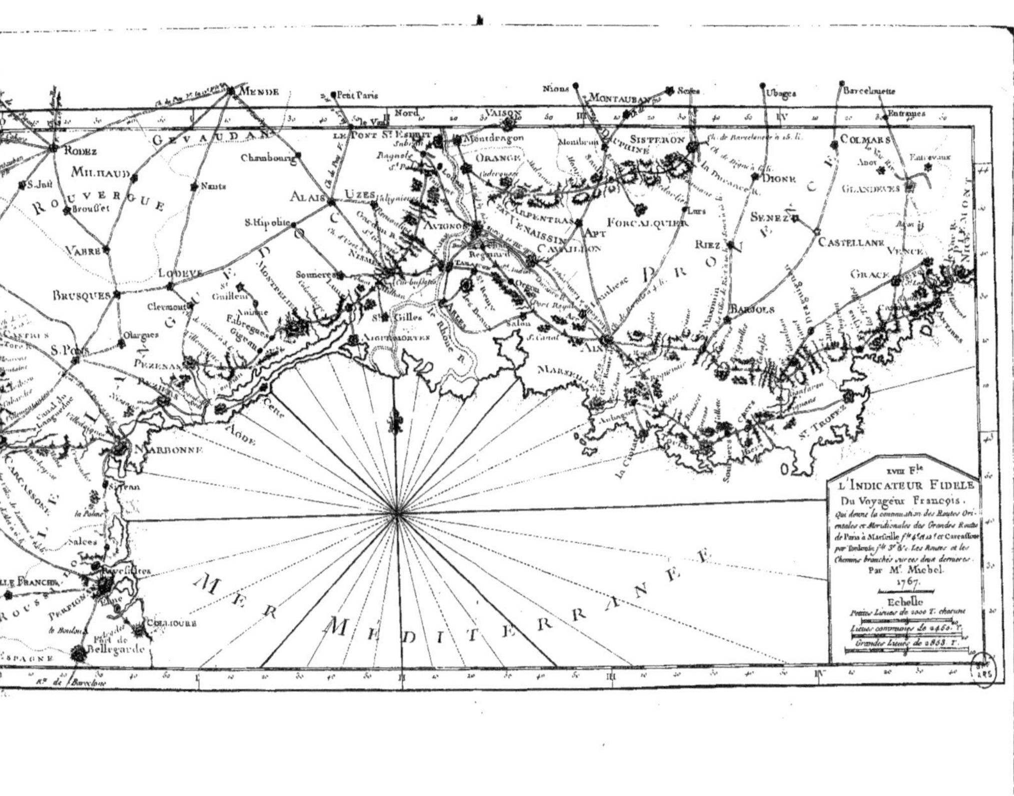
XVIII F.le
L'INDICATEUR FIDELE
Du Voyageur François.
Qui donne la continuation des Routes Orientales et Meridionales des Grandes Routes de Paris à Marseille f.lle 4.e et 12.e et Carcassonne par Toulouse f.lle 3.e 8.e. Les Routes et les Chemins branchés sur ces deux dernieres.
Par M.r Michel.
1767.
Echelle
Petites Lieues de 2000 T. chacune
Lieues communes de 2460. T.
Grandes Lieues de 2853. T.
MER MEDITERRANEE
MENDE
GEVAUDAN
RODEZ
MILHAUD
ROUVERGUE
ALAIS
UZES
AVIGNON
ORANGE
CARPENTRAS
APT
CAVAILLON
FORCALQUIER
SISTERON
MONTAUBAN
VAISON
COLMARS
GLANDEVES
SENEZ
RIEZ
CASTELLANE
VENCE
GRACE
BARJOLS
AIX
MARSEILLE
ST. TROPEZ
LODEVE
BRUSQUES
VABRE
S. PONS
PEZENAS
BEZIERS
AGDE
Cette
NARBONNE
AIGUEMORTES
St. Gilles
ARLES
TARASCON
Salon
COLLIOURE
PERPIGNAN
Bellegarde
Salces
ESPAGNE

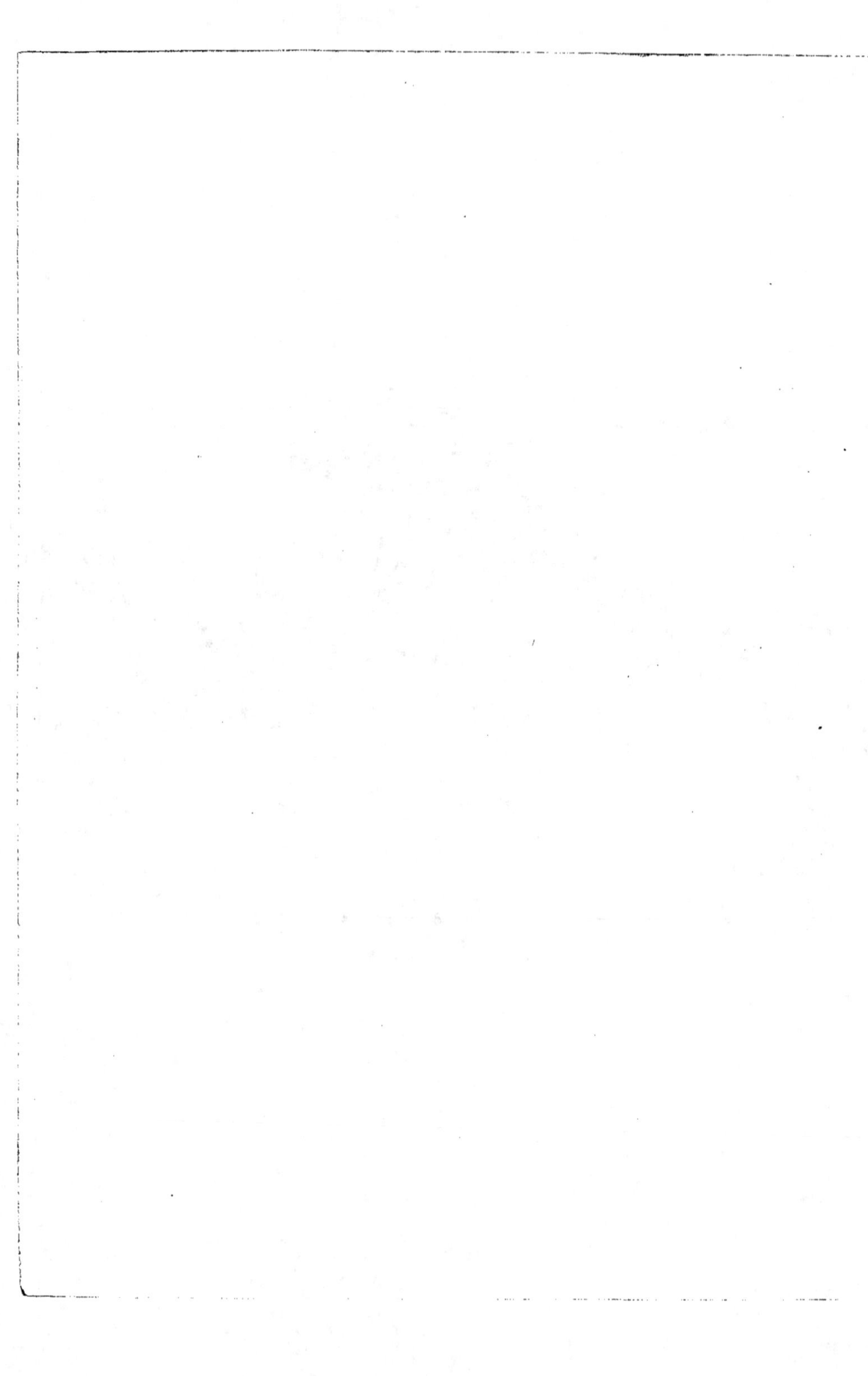

PROSPECTUS

DU GUIDE DES VOYAGEURS,

Pour les Routes Royales & Particulieres de la France & autres.

IL y a long-tems que l'on ſe plaint de ne pas avoir aſſez de ſecours pourfaciliter le commerce & les voyages. Des gens inſtruits, ont ſenti cet inconvénient, & comme c'eſt aux Sciences à fournir aux beſoins de la Société, ils ont imaginé de réunir la Géographie & le compas Géométrique, pour donner aux Commerçans & aux Voyageurs, les lumieres qui leur ont manqué juſqu'ici. On préſente donc au Public *un Guide des Voyageurs ou Indicateur Fidèle*, qui met ſous les yeux les routes qu'il faut tenir pour aller d'une Ville à une autre, & les diſtances qui ſe trouvent entre chacune de ces Villes.

Afin de pouvoir partir d'un point fixe, on a choiſi Paris pour centre; c'eſt à-dire, que l'on ſuppoſe un Voyageur qui veut ſe tranſporter de Paris dans les différentes Villes du Royaume, & de ces Villes à Paris; on lui a tracé avec exactitude tous les lieux qui ſe trouvent ſur ſon paſſage, &, s'il faut le dire, on a compté tous ſes pas.

Chacune des Routes eſt ſur une Carte ſéparée, dont le prix eſt fort modique, & chaque Carte, eſt enluminée de maniere que l'on y connoît les limites des Provinces, les Villes, les Bourgs, les Villages, les Montagnes, les Prés, les Bois. On a même porté l'exactitude juſqu'à faire diſtinguer à l'œil les chemins, plantés d'Arbres ſous leſquels on peut marcher à couvert. Communément celui qui entreprend une route, conſulte ceux qui l'ont faite avant lui: s'il eſt en chemin, il s'informe, à meſure qu'il avance, du nombre des lieues qui lui reſtent à faire, des endroits où il peut prendre ſes repas, ou paſſer le tems de la nuit, & rarement on lui donne là-deſſus des réponſes préciſes. Avec une de nos Cartes, le Voyageur n'a aucun beſoin de toutes ces demandes; il voit tous les endroits par leſquels il doit paſſer, & une juſte meſure de leur éloignement reſpectif; il connoît en même-tems les Bourgs, les Villages, les Hameaux, les Fermes, les Maiſons Religieuſes, les Bois. les Prés, les Avenues, les Rivieres, les Ponts, les Gués, les Ruiſſeaux, les Etangs, & les Marais; enfin, juſqu'aux Montagnes & aux Plaines qu'il a à traverſer.

Veut-il ſe ſervir des Voitures établies pour le Public, comme Diligences, Coches, Caroſſes, Meſſageries; il voit à côté de la Carte un Itinéraire inſtructif & raiſonné qui indique le jour, l'heure du départ, la dînée, la couchée de ces voitures & le nombre des lieues qu'elles font par jour; ſouvent pluſieurs Routes mènent à un même endroit, on les a miſes à côté l'une de l'autre, & le Voyageur trouvera dans toutes une exactitude égale.

Les Cartes de ces Routes ſe vendent enſemble ou ſéparément par feuilles détachées, & leur forme eſt portative. Le Voyageur peut aiſément en enfermer une dans un Porte-feuille, & la conſulter au beſoin. Elles éclairent, elles dirigent, & elles mettent celui qui en eſt poſſeſſeur, dans le cas de ſe paſſer de tous les renſeignemens que l'on recherche dans les voyages; enfin, elles ſont entierement conſacrées à l'utilité Publique, & au beſoin de tous ceux qui voyagent. C'eſt le ſeul but que l'on s'eſt propoſé en les mettant au jour. Pour nous conformer au goût de tous les Particuliers, qui voudront faire l'acquiſition de cet Ouvrage, comme Voyageurs, ou ſimplement comme Amateurs, nous l'avons mis ſous pluſieurs formes différentes, dont voici les prix.

Grand *in*-4°. relié en veau................................ 15 livres.
Relié en carton................................ 14 liv.
Broché d'une maniere commode & portative, pour être mis dans la poche........ 12 liv.
En feuilles................................ 11 liv. 8 ſ.
& chaque Route détachée ſur une feuille particuliere................ 15 ſ.

On en trouvera de même de colées sur toile, ou taffetas; d'imprimées sur peau ou satin, qu l'on vendra séparément dans leurs étuis; enfin on en formera un Volume *in*-8° ou mêm *in*-12. & de telle forme que chacun pourra le désirer.

Ces Cartes son dédiées à M. Cassini de Thury, Seigneur de Villetaneuse, Directeur d l'Observatoire Royal, Maîtres des Comptes, Associé des Académies des Sciences de Paris Londres, Berlin, Munick, &c &c.

Dressées par M. MICHEL, Ingénieur-Géographe du Roi à l'observatoire & dirigées par le Sieu DESNOS, Ingénieur-Géographe pour les Globes & Sphères, rue Saint-Jacques, à l'Ensei gne du Globe où elles se vendent, & à l'Observatoire.

A PARIS.

AVEC APPROBATION ET PRIVILEGE DU ROI.

AVIS.

ON trouve chez le Sieur DESNOS, toutes sortes de Cartes de Géographie, tant général que Particulieres; Atlas Modernes de Géographie & d'Histoire pour l'intelligence des quat Principaux Historiens, le Tableau Analytique de la France, depuis l'établissement de Monarchie jusqu'à Louis XV. Recueils complets des Cartes de tous les Auteurs; Pla de Paris, collés sur toile, montés sur gorge de toutes grandeurs, Banlieue & environs de Capitale; Généralité de Paris; Cartes Particulieres des Elections du Royaume; Guide d Voyageurs, Routes Royales & Particulieres de la France; Globes & Sphères pour les C binets & Bibliothèques; Instrumens de Mathematiques, & généralement tout ce qui concer les Sciences.

CATALOGUE ALPHABETIQUE

DES ROUTES ROYALES ET PARTICULIERES,

Que contiennent toutes les Feuilles de l'Indicateur Fidéle, ou Guide des Voyageurs.

ROUTE DE PARIS AUX VILLES DE PROVINCE,

Des Villes à Paris, & des différentes Villes entr'elles.

Feuilles.			*Provinces.*
	A		
	à Angers........	Ville.	Anjou.
2e Fle	à Alençon......	Ville.	Normandie.
	à Ancenis......	Ville.	Bretagne.
	à Arpajon......	Ville.	Iſle de France.
	à Artenay.......	Bourg.	Orléanois.
	à Argenton.....	Ville.	le Berri.
3 F.	à Amboiſe......	Ville.	la Touraine.
	à Angoulême..	Ville.	Angoumois.
	à Aunay........	Ville.	Poitou.
	à Annier........	Bourg.	Xaintonge.
4 F.	à Auxerre.......	Ville.	Bourgogne.
	à Arnay le Duc.	Bourg.	Bourgogne.
	à Arcis ſur Aube.	Bourg.	Champagne.
6 F.	à Ancy-le-Franc.	Bourg.	Bourgogne.
	à Arc............	Ville.	Champagne.
	à Auxonne.....	Ville.	Bourgogne.
7 F.	à Arlons.........	Ville.	Duché de Luxembourg.
8 F.	à Altkirch......	Ville.	Alſace.
	à Arras..........	Ville.	Artois.
9 F.	à Armentières.	Ville.	Flandre.
	à Ath...........	Ville.	Pays-Bas.
	à Argences.....	Bourg.	Normandie.
	à Amiens........	Ville.	Amienois.
10 F.	à Ault...........	Bourg.	Normandie.
	à Aire...........	Ville.	Flandre.
	à Ardres........	Ville.	Flandre.
11 F.	à Amſterdam..	Ville.	Hollande.
	à Antwerpen...	Ville.	Hollande.
12 F.	à Aix............	Ville.	Provence.
13 F.	à Ausbourg....	Ville.	Suabe Allemagne.
	à Amſtetten....	Bourg.	Allemagne.
	B		
2 F.	Belleſme.........	Ville.	Le Maine.

Feuilles.			*Provinces.*
	Brives.........	Ville.	Limoſin.
	Blois...........	Ville.	Orléanois.
	Barbezieux...	Bourg.	Angoumois.
3e Fle	Barre. (la)...	Bourg.	Poitou.
	Briou..........	Bourg.	Poitou.
	Blaye..........	Ville.	Bordelois.
	Bordeaux.....	Ville.	Bordelois.
	Beau Moulin.	Bourg.	Orléanois.
4 F.	Briare.........	Ville.	Orléanois.
	Bonni..........	Ville.	Orléanois.
5 F.	Bar-le-Duc...	Ville.	Lorraine.
	Blamont......	Ville.	Lorraine.
	Brie-Comte-Robert..	Ville.	Brie.
	Bray...........	Ville.	Champagne.
	Bar-ſur-Seine..	Ville.	Champagne.
	Baigneux.....	Bourg.	Bourgogne.
	Beaune........	Ville.	Bourgogne.
6 F.	Beſançon.....	Ville.	Franche Comté.
	Beaume-les-Dames..	Ville.	Franche Comté.
	Belfort........	Ville.	Franche Comté.
	Baſle..........	Ville.	Suiſſe.
	Bacarat.......	Bourg.	Lorraine.
	Benfelden....	Bourg.	Alſace.
	Braine........	Ville.	Soiſſonnois.
7 F.	Bouillon......	Ville.	Duché.
	Boulay........	Ville.	Lorraine.
	Bellem........	Bourg.	Principauté de Spire.
	Bar-ſur-Aube..	Ville.	Champagne.
8 F.	Belfort........	Ville.	Franche Comté.
	Baſle..........	Ville.	Suiſſe.
	Bapaume.....	Ville.	Artois.
	Bailleul.......	Ville.	Flandre.
	Berge..........	Ville.	Flandre.
9 F.	Bouchain.....	Ville.	Flandre.
	Bruxelles.....	Ville.	Pays-Bas.
	Braine-le-Comte..	Bourg.	Pays-Bas.

A

Feuilles.			Provinces.
10e Fle	Bayeux.	Ville.	Normandie.
	Beaumont.......	Ville.	Isle de France.
	Beauvais.	Ville.	Beauvoisis.
	Blangis.	Bourg.	Normandie.
	Breteuil.........	Bourg.	Amienois.
	Bethune.	Ville.	Artois.
	Boulogne........	Ville.	Boulonois.
11 F.	Bergop-Zoom.	Ville.	Pays-Bas.
12 F.	Boleme.	Bourg.	Valentinois.
13 F.	Bruchsal.........	Ville.	Allemagne.
	Bessigheim......	Bourg.	Allemagne.
	Bichgheim.	Bourg.	Allemagne.
	Braunau.	Ville.	Allemagne.

C

Feuilles.			Provinces.
2 F.	Chartres........	Ville.	la Beauce.
	Château-Neuf.	Ville.	Isle de France.
	Courville........	Bourg.	Beaune.
3 F.	Château-Roux.	Ville.	Berri.
	Cressensac.	Bourg.	Limosin.
	Cahors...........	Ville.	Périgord.
	Castelnau-de-Montrattier.	Ville.	Périgord.
	Castelnau-de-Treschefont.	Ville.	Périgord.
	Clery.............	Ville.	Orléanois.
	Celle. (le).......	Bourg.	Saumurois.
	Châtelleraud.	Ville.	Saumurois.
	Chenay..........	Bourg.	Poitou.
	Colombier......	Bourg.	Poitou.
4 F.	Chany.	Ville.	Bourgogne.
	Châlons-sur-Saone........	Ville.	Bourgogne.
	Cône.	Ville.	Orléanois.
	Charité. (la)...	Ville.	Nivernois.
5 F.	Château-Thierri..	Ville.	la Brie.
	Châlon-en-Champagne.	Ville.	Champagne.
6 F.	Chârenton......	Bourg.	Isle de France.
	Coulomiers.....	Ville.	Brie.
	Courteron......	Bourg.	Bourgogne.
	Châtillon.	Ville.	Bourgogne.
	Château-Vilain...	Ville.	Champagne.
	Chanceaux.	Bourg.	Bourgogne.
	Chagny..........	Ville.	Bourgogne.
	Chaumont......	Ville.	Bassigny.
	Clerval.	Bourg.	Franche-Comté.
	Colmar.	Ville.	Alsace.
7 F.	Crecy............	Bourg.	Lanois.
	Lecherne.	Ville.	Champagne.
	Clermont.	Ville.	Clermontois.
	Creutze.........	Ville.	Electorat de Treves.
	Caudel..........	Bourg.	Principauté de Spire.
	Château-Salins....	Ville.	Lorraine.

Feuilles.			Provinces.
8e Fle	Chaumont. ..	Ville.	Bassigny.
9 F.	Compiégne. .	Ville.	Isle de Fran
	Cambrai.	Ville.	Cambraisis.
	Cassel..........	Ville.	Flandre.
10 F.	Caën...........	Ville.	Normandie.
	Carentan.	Ville.	Normandie.
	Cherbourg...	Ville.	Normandie.
	Caudebec. ...	Ville.	Pays-de-Caux
	Cany.	Bourg.	Normandie.
	Creil...........	Ville.	Beauvoisin.
	Clermont.....	Ville.	Beauvoisin.
	Chambly.....	Bourg.	Isle de Fran
	Crotoy........	Bourg.	Picardie.
	Calais.	Ville.	Flandre.
	Cassel.........	Ville.	Flandre.
	Cudekerke...	Bourg.	Flandre.
	Canterbury..	Ville.	Angleterre.
	Chailey.......	Bourg.	Angleterre.
	Croydon......	Bourg.	Angleterre.
	Cosham.......	Ville.	Angleterre.
11 F.	Charlemont..	Ville.	Hainault.
12 F.	Cavaillon.....	Ville.	Provence.
13 F.	Carstruh.	Ville.	Allemagne.
	Canstatt.	Ville.	Allemagne.
	Crems.........	Ville.	Allemagne.

D

Feuilles.			Provinces.
2 F.	Dreux.	Ville.	Isle de Fran
	Durtal.........	Ville.	Anjou.
3 F.	Dourenac. ...	Ville.	Limosin.
	Donge.........	Bourg.	Saumurois.
5 F.	Dormans.....	Ville.	Champagne.
6 F.	Dijon..........	Ville.	Bourgogne.
	Dol............	Ville.	Franche-Comt
7 F.	Dammartin. .	Ville.	Isle de Fran
	Dun............	Ville.	Champagne.
	Donchery....	Ville.	Champagne.
	Dieuse.........	Ville.	Lorraine.
	Druzenheim.	Bourg.	Alsace.
9 F.	Douay.	Ville.	Flandre.
	Dixmude.	Ville.	Pays-bas.
	Dunkerque. .	Ville.	Flandre.
10 F.	Dreux.	Ville.	Isle de Fran
	Dieppe........	Ville.	Normandie.
	Doulens	Ville.	Picardie.
	Dunkerque. .	Ville.	Flandre.
	Douvre.	Ville.	Angleterre.
	Dartfert.	Ville.	Angleterre.
	Douhill........	Bourg.	Angleterre.

Feuilles.			*Provinces.*
11e F^{le}	Delfft	Bourg.	Hollande.
	Dortrick. . . .	Ville.	Hollande.
13 F.	Durlach. . . .	Ville.	Allemagne.
	Dilingen. . . .	Ville.	Allemagne.
	Donawert. . .	Ville.	Allemagne.
	Dekendort. . .	Ville.	Allemagne.
	E		
2 F.	Eſtampes. . . .	Ville.	Orléanois.
	Etolliers. . . .	Ville.	Bourdelois.
5 F.	Epernay. . . .	Ville.	Champagne.
6 F.	Epinal.	Ville.	Lorraine.
	Erſtein.	Bourg.	Alſace.
10 F.	Evreux.	Ville.	Normandie.
	Ecotiis.	Bourg.	Normandie.
	Eu.	Ville.	Normandie.
	Etaples.	Ville.	Allemagne.
13 F.	Etlingen. . . .	Ville.	Picardie.
	Efferting. . .	Ville.	Allemagne.
	F		
2 F.	Flêche. (la). .	Ville.	Anjou.
3 F.	Ferté. (la). . .	Ville.	Orléanois.
4 F.	Fontainebleau.	Ville.	Iſle de France.
5 F.	Ferté. (la). . .	Ville.	Brie.
6 F.	Ferté. (la). . .	Ville.	Champagne.
	Favernay. . .	Bourg.	Franche-Comté.
7 F.	Fiſme.	Ville.	Champagne.
	Francfort. . .	Ville.	Franconie.
	Franckendel. .	Ville.	Palatine.
	Feneſtrange. .	Ville.	Lorraine.
8 F.	Fayl-Billot. . .	Bourg.	Franche-Comté.
10 F.	Fécamp. . . .	Ville.	Normandie.
	Frevent. . . .	Bourg.	Picardie.
	Feversham. . .	Ville.	Angleterre.
13 F.	Friberg. . . .	Ville.	Allemagne.
	G		
3 F.	Grizolles. . . .	Bourg.	Gaſcogne.
6 F.	Gyé.	Bourg.	Bourgogne.
	Guemar. . . .	Ville.	Alſace.
7 F.	Guiſe.	Ville.	Thiérache.
9 F.	Gonneſſe. . . .	Ville.	Iſle de France.
	Guiſe.	Ville.	Thierache.
	Gramont. . . .	Ville.	Pays-Bas.
10 F.	Gaillon.	Bourg.	Normandie.
	Gamaches. . .	Bourg.	Normandie.
	Gravelines. . .	Ville.	Flandre.
	Guilford. . . .	Ville.	Angleterre.
	Grinſtead. . . .	Bourg.	Angleterre.
	Graveſend. . .	Ville.	Angleterre.

Feuilles.			*Provinces.*
13e F^{le}	Goppingen. .	Ville.	Allemagne.
	Geiſling . . .	Ville.	Allemagne.
	Gunsburg. .	Ville.	Allemagne.
	Gundelfing. .	Ville.	Allemagne.
	Greyen. . .	Ville.	Allemagne.
	H		
2 F.	Houdan. . .	Ville.	Iſle de France.
7 F.	Haag. . . .	Ville.	Electorat de Tréves.
9 F.	Halle. . . .	Ville.	Pays-Bas.
	Ham.	Ville.	Picardie.
10 F.	Haudan. . .	Ville.	Iſle de France.
	Harfleur. . .	Ville.	Pays de Caux.
	Havre (le). .	Ville.	Pays de Caux.
	Haven. . . .	Ville.	Angleterre.
11 F.	Haag.	Ville.	Hollande.
13 F.	Hailbron. . .	Ville.	Allemagne.
	Heidelberg. .	Ville.	Allemagne.
	Hochſtel. . .	Ville.	Allemagne.
	Hochſtel. . .	Ville.	Franconie.
	Haag.	Ville.	Allemagne.
	I & J		
2 F.	Javron. . . .	Bourg.	Le Maine.
	Ingrande. . .	Ville.	Bretagne.
4 F.	Joigny. . . .	Ville.	Bourgogne.
6 F.	Joinville. . .	Ville.	Champagne.
10 F.	Iſigny. . . .	Ville.	Normandie.
	Illebonne. . .	Bourg.	Pays de Caux.
13 F.	Ingolſtatt. . .	Ville.	Allemagne.
	Ips.	Ville.	Allemagne.
	K		
9 F.	Kievrain. . .	Bourg.	Pays-Bas.
10 F.	Kingston. . .	Bourg.	Angleterre.
13 F.	Kehl	Fort.	Alſace.
	Kelheim. . .	Ville.	Allemagne.
	Kornciburg. .	Ville.	Allemagne.
	L		
2 F.	Laval. . . .	Ville.	Le Maine.
3 F.	Linas.	Bourg.	Iſle de France.
	Lonjumaux. .	Bourg.	Iſle de France.
	Limoges. . .	Ville.	Limoſin.
	Loupiac. . .	Bourg.	Périgord.
	Luſignant. .	Ville.	Poitou.
4 F.	Lyon. . . .	Ville.	Lyonnois.
5 F.	Ligny. . . .	Ville.	Lorraine.
	Luneville. . .	Ville.	Lorraine.

Feuilles.			Provinces.
6e Fle	Laigues. . . .	Bourg.	Bourgogne.
	Luxul.	Ville.	Franche-Comté.
	Langres. . . .	Ville.	Champagne.
7 F.	Laon.	Ville.	Laonois.
	Longuion. . .	Ville.	Lorraine.
	Longwy . . .	Ville.	Pays Meſſin.
	Luxembourg. .	Ville.	Duché.
	Lauterbourg. .	Ville.	Alſace.
8 F.	Langres. . . .	Ville.	Champagne.
9 F.	Louvres. . . .	Ville.	Iſle de France.
	Landrecy. . . .	Ville.	Hainault.
	Lille.	Ville.	Flandre.
	Lens.	Ville.	Artois.
10 F.	Liſieux.	Ville.	Normandie.
	Liliers.	Ville.	Flandre.
	Luzarche. . . .	Ville.	Iſle de France.
	Lewes.	Ville.	Angleterre.
	Londres.	Ville.	Angleterre.
11 F.	Leyden. . . .	Ville.	Hollande.
12 F.	Lambés. . . .	Bourg.	Provence.
13 F.	Lichtenau. . .	Bourg.	Allemagne.
	Lavingen. . .	Ville.	Allemagne.
	Lints.	Ville.	Allemagne.

M

Feuilles.			Provinces.
2 F.	Mans. (le). . .	Ville.	le Maine.
	Mortagnes. . .	Ville.	le Maine.
3 F.	Mortroles. . .	Ville.	la Marche.
	Magnac. . . .	Ville.	Limoſin.
	Montauban. . .	Ville.	Périgord.
	Manle.	Bourg.	Poitou.
	Mirambeau. .	Ville.	Xaintonge.
4 F.	Moret.	Ville.	Bourgogne.
	Mâcon.	Ville.	Bourgogne.
	Montargis. . .	Ville.	Orléans.
	Moulins. . . .	Ville.	Bourbonnois.
5 F.	Meaux.	Ville.	La Brie.
	Meſtre.	Ville.	Pays Meſſin.
6 F.	Meulan. . . .	Ville.	Iſle de France.
	Montreau. . . .	Ville.	Champagne.
	Mircourt. . . .	Ville.	Lorraine.
	Montbelliard. .	Ville.	Franche-Comté.
	Muſſy-Lèveque. . .	Ville.	Bourgogne.
7 F.	Maubertfontaine. . . .	Ville.	Thiérache.
	Meriere. . . .	Ville.	Champagne.
	Mouron. . . .	Ville.	Champagne.
	Mouſa.	Ville.	Champagne.
	Meſtre.	Ville.	Pays Meſſin.
	Marſal.	Ville.	Lorraine.
	Moyen-Vic. . .	Bourg.	Pays Meſſin.
	Mayence. . . .	Ville.	Electorat.
8e Fle	Marckolsheim	Ville.	Alſace.
9 F.	Maubeuge. . .	Ville.	Hainault.
	Mons. . . .	Ville.	Pays-Bas.
10 F.	Meulan. . . .	Ville.	Iſle de France.
	Mantes . . .	Ville.	Iſle de France.
	Montivilliers.	Bourg.	Pays de Caux.
	Montreuil. . .	Ville.	Picardie.
	Marſeille. . .	Bourg.	Picardie.
11 F.	Mordick. . .	Ville.	Pays-Bas.
	Méchelen. . ,	Ville.	Pays-Bas.
	Marienbourg.	Ville.	Hainault.
12 F.	Montélimart.	Ville.	Valentinois.
	Montdragon	Bourg.	Valentinois.
	Marſeille. . .	Ville.	Provence.
13 F.	Manheim. . .	Ville.	Electorat.
	Monheim. . .	Bourg.	Allemagne.
	Munich. . .	Ville.	Electorat.
	Molck. . . .	Ville.	Allemagne.
	Moutern. . .	Ville.	Allemagne.

N

Feuilles.			Provinces.
2 F.	Nonancourt.	Ville.	Iſle de France.
	Nantes. . . .	Ville.	Bretagne.
3 F.	Nouan. . . .	Ville.	Orléanois.
	Nouan-ſur-Loir. . .	Ville.	Orléanois.
4 F.	Nemours. . .	Ville.	Orléanois.
	Neuwy. . . .	Bourg.	Orléanois.
	Nevers. . . .	Ville.	Nivernois.
5 F.	Nancy. . . .	Ville.	Lorraine.
6 F.	Nogent. . . .	Ville.	Champagne.
	Neuville. . .	Bourg.	Bourgogne.
	Nuys.	Ville.	Bourgogne.
7 F.	Nanteuil. . .	Bonrg.	Iſle de France.
8 F.	Nogent. . .	Ville.	Champagne.
	Neubriſac. . .	Ville.	Alſace.
9 F.	Noyon. . . .	Ville.	Picardie.
	Nieuport. . .	Ville.	Pays-Bas.
10 F.	Nonancourt.	Ville.	Iſle de France.
11 F.	Namur. . . .	Ville.	Hainault.
13 F.	Nuremberg. .	Ville.	Allemagne.
	Neuburg. . .	Ville.	Allemagne.

O

Feuilles.			Provinces.
3 F.	Orléans. . . .	Ville.	Orléanois.
7 F.	Ogersheim. .	Ville.	Alſace.
	Oppenheim. .	Ville.	Electorat de Mayence.
9 F.	Oſtende. . .	Ville.	Pays-Bas.
	Origny. . . .	Bourg.	Picardie.
12 F.	Orange. . . .	Ville.	Valentinois.

Feuilles.			*Provinces.*
	P		
2e Fle	Prénpaille. . .	Bourg.	Le Maine.
3 F.	Peyrac.	Bourg.	Périgord.
	Poitiers. . . .	Ville.	Poitou.
	Pons.	Bourg.	Xaintonge.
	Plaſſac.	Bourg.	Xaintonge.
4 F.	Pont-ſur-Yonne.	Bourg.	Champagne.
	Pouilly.	Ville.	Nivernois
5 F.	Phalsbourg. . .	Ville.	Alſace.
6 F.	Pont-ſur-Vanne.	Bourg.	Champagne.
	Plombiere. . .	Ville.	Lorraine.
	Provins. . . .	Ville.	Brie.
	Pont-ſur-Seine.	Ville.	Champagne.
	Porrentrui. . .	Ville.	Principauté de Spire.
7 F.	Phalsbourg. . .	Ville.	Alſace.
8 F.	Provins. . . .	Ville.	Brie.
	Pont-ſur-Seine.	Ville.	Champagne.
	Port-ſur-Saone.	Bourg.	Franche-Comté.
9 F.	Pont Ste Maxence.	Ville.	Picardie.
	Peronne. . . .	Ville.	Picardie.
10 F.	Poiſſy.	Bourg.	Iſle de France.
	Pont de l'Arche	Ville.	Normandie.
	Pontoiſe. . . .	Ville.	Iſle de France.
	Portsmouth. . .	Ville.	Angleterre.
	Petersfield. . .	Ville.	Angleterre.
11 F.	Philippeville. .	Ville.	Hainault.
12 F.	Pont S. Eſprit.	Ville.	Valentinois.
13 F.	Pforzheim. . .	Ville.	Allemagne.
	Pogenberg. . .	Bourg.	Allemagne.
	Poſſau.	Ville.	Allemagne.
	R		
2 F.	Rennes.	Ville.	Bretagne.
	Rembouillet. .	Bourg.	Iſle de France.
	Remalard. . .	Bourg.	Le Maine.
4 F.	Rouvray. . . .	Bourg.	Bourgogne.
	Roanne. . . .	Ville.	Lyonnois.
6 F.	Rameru. . . .	Bourg.	Champagne.
	Rouvray. . . .	Bonrg.	Bourgogne.
	Rufach. . . .	Ville.	Alſace.
	Raon Létape. .	Ville.	Lorraine.
	Remiremont. .	Ville.	Lorraine.
7 F.	Rheims. . . .	Ville	Champagne.
	R.thel.	Ville.	Champagne.
	Rocroy. . . .	Ville.	Thiérache.
	Rodemach. . .	Bourg.	Pays Meſſin.
9 F.	Roye.	Ville.	Picardie.
10 F.	Rouen.	Ville.	Normandie.
	Rue.	Bourg.	Normandie.
	Rocheſter. . .	Ville.	Angleterre,

Feuilles.			*Provinces.*
11e Fle	Rotterdam. .	Ville.	Hollande.
13 F.	Ratisbonne. .	Ville.	Allemagne.
	S		
2 F.	S. George. . .	Bourg.	Anjou.
3 F.	Salbris.	Ville.	Berri.
	Selon.	Bourg.	Berri.
	Souillac. . . .	Ville.	Périgord.
	S. Laurent. .	Bourg.	Orléanois.
	S. Dié.	Ville.	Orléanois.
	Ste Mare. . . .	Ville.	Touraine.
	Salizay. . . .	Bourg.	Poitou.
	S. Jean.	Ville.	Xaintonge.
	Saintes.	Ville.	Xaintonge.
	S. Génis. . . .	Bourg.	Xaintonge.
4 F.	Sens.	Ville.	Bourgogne.
	S. Prix.	Bourg.	Bourgogne.
	Saulieu.	Ville.	Bourgogne.
	S. Pierre le Moutier	Bourg.	Nivernois.
	S. Gerant. . .	Bourg.	Bourbonnois.
	S. Simphorien.	Bourg.	Lyonnois.
5 F.	S. Dizier. . .	Ville.	Champagne.
	S. Nicolas. .	Ville.	Lorraine.
	Sarbourg. . .	Ville.	Lorraine.
	Saverne. . . .	Ville.	Alſace.
	Strasbourg. .	Ville.	Alſace.
	Ste. Ménehoult. . . .	Ville.	Champagne.
6 F.	Sens.	Ville.	Bourgogne.
	Ste Marie aux mines	Ville.	Lorraine.
	S. Diey.	Ville.	Lorraine.
	Strasbourg. .	Ville.	Alſace.
	Schleſtſtatt.	Ville.	Alſace.
	Sernay.	Ville.	Alſace.
7 F.	Soiſſons. . . .	Ville.	Soiſſonnois.
	Sédan.	Ville.	Champagne.
	Stenay.	Ville.	Champagne.
	Ste. Ménehoult. . . .	Ville.	Champagne.
	Suippe.	Ville.	Champagne.
	Sarlouis. . . .	Ville.	Pays Meſſin.
	Saverne. . . .	Ville.	Alſace.
	Spire.	Ville.	Principauté de Spire.
	Seltz.	Ville.	Alſace.
	Strasbourg. .	Ville.	Alſace.
8 F.	Strasbourg. .	Ville.	Alſace.
9 F.	Senlis.	Ville.	Iſle de France,
	Soignes. . . .	Ville.	Pays-Bas.
	S. Quentin. .	Ville.	Picardie.
	Soiſſons. . . .	Ville.	Soiſſonnois.

Feuilles.			Provinces.
10 F.	Ste. Mere Eglise.	Ville.	Normandie.
	S. Germain...	Ville.	Isle de France.
	S. Denis.....	Ville.	Isle de France.
	S. Clair......	Bourg.	Normandie.
	S. Vallery...	Ville.	Pays de Caux.
	S. Omer.....	Ville.	Flandre.
	S. Paul......	Ville.	Artois.
	S. Juste......	Bourg.	Beauvoisis.
	Siftingborn...	Ville.	Angleterre.
	Strétham.....	Ville.	Angleterre.
11 F.	S. Mihiel.....	Ville.	Lorraine.
12 F.	S. Audiol....	Bourg.	Valentinois.
13 F.	Sigarftkirch...	Bourg.	Allemagne.
	Stockerau....	Bourg.	Allemagne.
	S. Polten.....	Ville.	Allemagne.
	Strenberg....	Bourg.	Allemagne.
	Straubing....	Ville.	Allemagne.
	Stuttgart.....	Ville.	Wirtemberg.
	T		
3 F.	Thoury......	Bourg.	Orléanois.
	Tours.......	Ville.	Touraine.
	Toulouse.....	Ville.	Gascogne.
4 F.	Tournus.....	Ville.	Bourgogne.
	Tarrare......	Bourg.	Lyonnois.
5 F.	Toul........	Ville.	Toulois.
6 F.	Troyes......	Ville.	Champagne.
	Tonnerre....	Ville.	Bourgogne.
	Talans.......	Ville.	Bourgogne.
7 F.	Tourteron....	Bourg.	Champagne.
	Treves......	Ville.	Electorat.
8 F.	Troyes......	Ville.	Champagne.
9 F.	Tournay.....	Ville.	Pays-Bas.
10 F.	Totes.......	Bourg.	Pays de Caux.
	Thérouenne..	Bourg.	Flandre.
	Treport......	Bourg.	Normandie.
13 F.	Tull.........	Ville.	Allemagne.
	U		
3 F.	Uzerche.....	Ville.	Limosin.
13 F.	Ulm.........	Ville.	Allemagne.
	V		
2 F.	Versailles....	Ville.	Isle de France.
	Verneuil......	Ville.	Isle de France.
	Vitré........	Ville.	Bretagne.

Feuilles.			Provinces.
3e Fle	Vierzon....	Ville.	Berri.
	Vatan......	Ville.	Berri.
	Veuves.....	Bourg.	Touraine.
	Ville-Dieu..	Bourg.	Poitou.
	Vivonne....	Bourg.	Poitou.
4 F.	Villeneuve la Guiard.	Bourg.	Bourgogne.
	Villeneuve le Roi.	Bourg.	Bourgogne.
	Vermanton..	Ville.	Bourgogne.
5 F.	Villefranche.	Ville.	Lyonnois.
	Vitry-le-François.	Ville.	Champagne.
	Verdun.....	Ville.	Pays Messin.
	Vic........	Ville.	Verdunois.
6 F.	Villenoxe...	Ville.	Champagne.
	Vitry-le-François.	Ville.	Champagne.
	Vignory....	Bourg.	Champagne.
	Villeneuve..	Ville.	Champagne.
	Villemaur...	Bourg.	Champagne.
	Vitteaux....	Ville.	Bourgogne.
	Vesoul.....	Ville.	Franche Comt
	Vauvillers..	Bourg.	Lorraine.
7 F.	Villers-Coterets	Ville.	Isle de France.
	Verdun.....	Ville.	Verdunois.
	Vic........	Ville.	Pays Messin.
8 F.	Vendœuvres.	Ville.	Champagne.
	Vesoul.....	Ville.	Franche Comt
	Vieuxbrisac.	Ville.	Alsace.
9 F.	Valenciennes	Ville.	Flandre.
	Verberie....	Ville.	Isle de France.
10 F.	Valogne....	Ville.	Normandie.
	Vernon.....	Ville.	Normandie.
	Veulles.....	Bourg.	Pays de Caux.
11 F.	Viviers.....	Ville.	Valentinois.
	Valence....	Ville.	Valentinois.
	Vienne.....	Ville.	Dauphinois.
	W		
7 F.	Worms....	Ville.	Palatinat.
13 F.	Wisloch....	Bourg.	Allemagne.
	Waingheim.	Bourg.	Allemagne.
	Wohburg...	Bourg.	Allemagne.
	Wilshowen..	Ville.	Allemagne.
	Wels.......	Ville.	Allemagne.
	Wienne....	Ville.	Allemagne.
	Y		
9 F.	Ypres......	Ville.	Flandre.

FIN.

CATALOGUE ALPHABÉTIQUE
DU SUPPLÉMENT
DES 1380 VILLES ET ROUTES DE FRANCE.

La marque × veut dire que toutes les Villes & Bourgs auxquels elle est jointe, sont branchés sur la même Route, avec leur distance cotée en lieues.

Feuilles.	A		Provinces.
4e Fle.	AUbigny.	Bourg.	Orléanois.
	Auxerre.	Ville.	Bourgogne.
	Avallon.	Ville.	Bourgogne.
5 F.	Ancerville.	Ville.	Champagne.
6 F.	Aignay.	Bourg.	Bourgogne.
7 F.	Attigny.	Bourg.	Champagne.
	Aubanton.	Bourg.	Thiérache.
9 F.	Albert.	Bourg.	Picardie.
	Amiens.	Ville.	Picardie.
	Anizy.	Bourg.	Launois.
	Avesne.	Ville.	Hainaut.
10 F.	Aubigny.	Bourg.	Artois.
	Avesne.	Bourg.	Artois.
	Arras.	Ville.	Artois.
	Auxy.	Bourg.	Picardie.
	Airaines.	Bourg.	Amiénois.
	Abbeville.	Ville.	Picardie.
	Argences.	Bourg.	Normandie.
	Andelis *petit*.	Bourg.	Normandie.
	Andelis *grand*.	Bourg.	Normandie.
	Aulnay.	Bourg.	Normandie.
	Anet.	Ville.	Isle de Franc.
14 F.	Avranches.	Ville.	Normandie.
	Auray.	Bourg.	Bretagne.
15 F.	Angers.	Ville.	Anjou.
	Azac.	Bourg.	La Marche.
	Angoulême.	Ville.	Angoumois.
	Argenton. ×	Bourg.	Poitou.
	Argenton × (*Château*).	Bourg.	Poitou.
	Argenton. ×	Ville.	Poitou.
	Aizenay. ×	Ville.	Berri.
	Aubeterre. ×	Bourg.	Angoumois.
16 F.	Agen.	Ville.	Agenois.
	Auvillar.	Ville.	Agenois.
	Aire.	Ville.	Gascogne.
S. 16e Fle. 16. F.	Auch.	Ville.	Armagnac.
	Alby.	Ville.	Languedoc.
	Aurignac. ×	Ville.	Languedoc.
17 F.	Aubenas.	Ville.	Languedoc.
	Argenton.	Ville.	Berri.
	Argentac.	Ville.	Limosin.
	Aurillac.	Ville.	Auvergne.
	Aigueperse.	Bourg.	Auvergne.
	Aubenas. ×	Bourg.	Languedoc.
	Alanche. ×	Bourg.	Auvergne.
	Ambriel. ×	Ville.	Lyonnois.
18 F.	Avignon.	Ville.	Vénaissin.
	Anor.	Bourg.	Provence.
	Antibes.	Ville.	Provence.
	Aix.	Ville.	Provence.
	Aubagne.	Bourg.	Provence.
	Arles.	Ville.	Provence.
	Aiguemorte.	Ville.	Languedoc.
	Aniane.	Ville.	Languedoc.
	Agde.	Ville.	Languedoc.
	Alby. ×	Ville.	Languedoc.
	Alet. ×	Ville.	Languedoc.
	Alais. ×	Ville.	Languedoc.
	Apt. ×	Ville.	Provence.
3 F.	Angerville.	Bourg.	Beauce.
	Achere.	Bourg.	Beauce.
2 F.	Ablis.	Bourg.	Isle de France.
	Authon.	Ville.	Beauce.
	B		
2e Fle.	BOnneval.	Ville.	Beauce.
	Brou.	Bourg.	Beauce.
	Bonne-Etable.	Bourg.	Maine.
3 F.	Beaugency.	Ville.	Orléanois.

Feuilles.	Suite de B.		Provinces.
4e. Fle.	Brinon.	Bourg.	Champagne.
"	Bléneau.	Bourg.	Nivernois.
"	Beaulieu.	Bourg.	Orléanois.
"	Bourges.	Ville.	Berri.
5 F.	Bricy.	Ville.	Lorraine.
6 F.	Bourmont.	Ville.	Lorraine.
"	Bugneville.	Bourg.	Lorraine.
"	Bourbonne-les-Bains.	Ville.	Champagne.
"	Beze.	Bourg.	Bourgogne.
"	Bruyere.	Ville.	Lorraine.
"	Berſch.	Ville.	Alſace.
"	Beauvoir. ×	Bourg.	Franche-Côté.
7 F.	Beaumont.	Ville.	Hainault.
"	Bruyeres.	Bourg.	Laonnois.
"	Bar-le-Duc.	Ville.	Barrois.
"	Bouzonville.	Ville.	Lorraine.
"	Bitche.	Ville.	Lorraine.
"	Bergzabern.	Ville.	Deux-ponts.
"	Billirckheim.	Ville.	Palatinat.
8 F.	Brienne-le-Château.	Ville.	Champagne.
"	Brie-Comte-Robert.	Ville.	IſledeFrance.
9 F.	Baſſée (la).	Ville.	Artois.
"	Baray.	Ville.	Hainaut.
"	Bohain.	Ville.	Thiérache.
"	Blerancourt.	Bourg.	Soiſſonnois.
10 F.	Bergues.	Ville.	Flandre.
"	Bourbourg.	Bourg.	Flandre.
"	Boſſe (la).	Bourg.	IſledeFrance.
"	Beaumont.	Ville.	Normandie.
"	Bernay. ×	Ville.	Normandie.
"	Brionne.	Ville.	Normandie.
"	Beuzeville.	Ville.	Normandie.
"	Blangis.	Bourg.	Normandie.
"	Bretteville. ×	Ville.	Normandie.
"	Barfleur.	Ville.	Normandie.
14 F.	Belle-Iſle.	Ville.	Bretagne.
"	Breſt.	Ville.	Bretagne.
"	Broons.	Bourg.	Bretagne.
15 F.	Bain.	Bourg.	Bretagne.
"	Bourgeuil.	Bourg.	Anjou.
"	Bourneuf.	Bourg.	Bretagne.
"	Bouin.	Bourg.	Bretagne.
"	Beauvoir.	Bourg.	Poitou.
"	Bournereau.	Bourg.	Poitou.

Feuilles.			Provinces.
Suite de la 15e. Fle.	Barre (la).	Bourg.	Poitou.
"	Blanc (le)	Ville.	Berri.
"	Beauvais.	Bourg.	Saintonge.
"	Brouage.	Bourg.	Aunis.
"	Brantome.	Bourg.	Périgord.
"	Bergerac.	Ville.	Périgord.
"	Bourg.	Ville.	Bordelois.
"	Bordeaux.	Ville.	Bordelois.
"	Blaye.	Ville.	Bordelois.
"	Buzançois. ×	Ville.	Berri.
"	Bélac. ×	Ville.	La Marche.
"	Bourg ×	Bourg.	Angoumois.
"	Brives. ×	Ville.	Limoſin.
16 F.	Bordeaux.	Ville.	Bordelois.
"	Bazas.	Ville.	Bazadois.
"	Bélin.	Bourg.	Landes.
"	Baumarchais.	Bourg.	Armagnac.
"	Bayonne.	Ville.	Baſques.
"	Bologne. ×	Ville.	Cominges.
17 F.	Brives.	Ville.	Limoſin.
"	Bourbon-Lâcy.	Ville.	Bourgogne.
"	Bourg-en-Breſſe.	Ville.	Breſſe.
"	Brioude.	Ville.	Auvergne.
"	Beauvoiſin. ×	Bourg.	Dauphiné.
"	Bourgargëtil. ×	Bourg.	Languedoc.
"	Billom. ×	Bourg.	Auvergne.
"	Beſſe.	Ville.	Auvergne.
"	Bradon.	Bourg.	Auvergne.
"	Briveſas.	Ville.	Limoſin.
18 F.	Béziers.	Ville.	Languedoc.
"	Bellegarde.	Fort.	Rouſſillon.
"	Beaux (les).	Bourg.	Provence.
"	Beaucaire.	Ville.	Languedoc.
"	Barcelônette, × ou Barcelonne.	Ville.	Provence.

C

Feuilles.			Provinces.
2e. Fle.	CHamprond.	Bourg.	Le Perche.
3. F.	Chartres.	Ville.	Beauce.
"	Châteauneuf.	Ville.	Orléanois.
"	Châteaudun.	Ville.	Orléanois.
4. F.	Courtenay.	Bourg.	Orléanois.
"	Ceriſiers.	Bourg.	Champagne.
"	Château-Renard.	Bourg.	Orléanois.
"	Chablis.	Ville.	Champagne.
"	Coulanges.	Bourg.	Bourgogne.

Feuilles.			Provinces.
Suite de la 4ᵉ. Fˡᵉ.	Coulanges sur Yonne.	Bourg.	Bourgogne.
	Cravant.	Bourg.	Bourgogne.
	Charantenay.	Bourg.	Bourgogne.
	Chatel.	Bourg.	Bourgogne.
	Clamecy.	Ville.	Nivernois.
	Châtillon.	Bourg.	Orléanois.
	Corbeil.	Ville.	Ifle de France.
6 F.	Champlitte.	Bourg.	Franch. Côté.
	Clervaux.	Bourg.	Champagne.
	Chatenois.	Bourg.	Alface. [té.
	Conflans.	Bourg.	Franche Com.
	Chaourfe.	Ville.	Champagne.
	Châlons fur Saone.	Ville.	Bourgogne.
	Chaigny.	Ville.	Bourgogne.
	Chalons en Champagn.	Ville.	Champagne.
	Chatenois.	Bourg.	Lorraine.
	Charmes.	Ville.	Lorraine.
	Chatel.	Ville.	Lorraine.
7 F.	Charlemont.	Ville.	Hainaut.
	Chimay.	Ville.	Hainaut.
	Couvin.	Ville.	Hainaut.
	Crepy.	Ville.	Laonnois.
	Coucy.	Ville.	Soiffonnois.
	Carignan.	Ville.	D. de Bouillō.
	Cormici.	Bourg.	Champagne.
	Crouy.	Bourg.	Brie.
9 F.	Condé.	Ville.	Flandre.
	Cateau (le).	Ville.	Cambrefis.
	Caftelet.	Ville.	Thiérache.
	Capelle (la).	Ville.	Thiérache.
	Chauny.	Ville.	Picardie.
10 F.	Creffy.	Bourg.	Picardie.
	Chaumont.	Ville.	Ifle de France.
	Caumont.	Bourg.	Normandie.
	Canify.	Bourg.	Normandie.
	Cerify.	Bourg.	Normandie.
	Coutance.	Ville.	Normandie.
	Crévecœur. ×	Bourg.	Normandie.
14 F.	Coutance.	Ville.	Normandie.
	Châteauneuf.	Ville.	Bretagne.
	Chatelaudr.n.	Bourg.	Bretagne.
	Carhaix.	Ville.	Bretagne.
	Châteaulin.	Ville.	Bretagne.
	Crozon.	Fort.	Bretagne.
	Côquerneau.	Bourg.	Bretagne.
	Croific.	Fort.	Bretagne.

Feuilles.			Provinces.
15ᵉ. Fˡᵉ.	Château-Briant.	Bourg.	Bretagne.
	Châteauduloir.	Ville.	Maine.
	Chalus.	Bourg.	Limofin.
	Caftillon.	Bourg.	Bordelois.
	Cognac.	Bourg.	Saintonge.
	Cofes.	Bourg.	Saintonge.
	Cognac.	Ville.	Angoumois.
	Châtelleraud.	Ville.	Poitou.
	Chinon. ×	Ville.	Touraine.
	Châteaugontier. ×	Ville.	Anjou.
	Chateigneray. ×	Bourg.	Poitou.
	Confolent. ×	Ville.	Poitou.
	Chebanois. ×	Ville.	Poitou.
	Châteauneuf. ×	Bourg.	Angoumois.
	Chalais. ×	Bourg.	Angoumois.
	Caftillon. ×	Bourg.	Bordelois.
	Chauvigny. ×	Bourg.	Poitou.
16 F.	Caftres.	Ville.	Guyenne.
	Cepferot.	Fort.	Guyenne.
	Cap-Breton.	Fort.	Landes.
	Clérac.	Bourg.	Agénois.
	Condom.	Ville.	Condomois.
	Cahors.	Ville.	Quercy.
	Caftelnau.	Ville.	Quercy.
	Caftelnau.	Ville.	Languedoc.
	Caftres.	Ville.	Languedoc.
	Carcaffone.	Ville.	Languedoc.
	Caftelnaudary.	Ville.	Languedoc.
	Caftelfarafin.	Bourg.	Gafcogne.
	Caftel Léon. ×	Ville.	Efpagne.
17 F.	Creffenfac.	Bourg.	Limofin.
	Clermont.	Ville.	Auvergne.
	Châtillon.	Bourg.	Breffe.
	Chalamont.	Ville.	Dombes.
	Crémieu.	Bourg.	Dauphiné.
	Côte S. André (la).	Bourg.	Dauphiné.
	Chavanne. ×	Ville.	Breffe.
	Chambery. ×	Ville.	Savoye.
	Chan:elle. ×	Bourg.	Auvergne.
	Condrieu. ×	Bourg.	Lyonnois.
	Chazel. ×	Bourg.	Lyonnois.
18 F.	Carpentras.	Ville.	Vénaiffin.
	Cavaillon.	Ville.	Vénaiffin.
	Château-Renard.	Bourg.	Provence.
	Cannes.	Bourg.	Provence.
	Ciotat (la).	Ville.	Provence.

Feuilles.			Provinces.
S. de la 18e. Fle.	Cuers.	Bourg.	Provence.
	Cette.	Fort.	Languedoc.
	Castres.	Ville.	Languedoc.
	Carcassone.	Ville.	Languedoc.
	Collioure.	Fort.	Roussillon.

D

Feuilles.			Provinces.
2e. Fle. 3 F.	DOurdan.	Ville.	IsledeFrance.
4 F.	Danguillon.	Bourg.	Berri.
	Donzy.	Bourg.	Nivernois.
5 F.	Damvillers.	Ville.	Lorraine.
6 F.	Darnay.	Bourg.	Lorraine.
	Dannemoine.	Bourg.	Champagne.
	Dampierre.	Bourg.	Frãche-Côté.
8 F.	Dienville.	Ville.	Champagne.
	Doulevent.	Ville.	Champagne.
10 F.	Ducler.	Ville.	Normandie.
	Dives.	Ville.	Normandie.
	Damville.	Ville.	Normandie.
14 F.	Dinant.	Ville.	Bretagne.
	Dol.	Ville.	Bretagne.
15 F.	Durtal.	Ville.	Anjou.
	Dorat.	Ville.	La Marche.
16 F.	Damazan.	Ville.	Bazadois.
	Dax.	Ville.	Gascogne.
	Duravelle.	Bourg.	Quercy.
17 F.	Douzenac.	Ville.	Limousin.
	Dorat.	Bourg.	La Marche.
18 F.	Draguignan.	Bourg.	Provence.
	Digne. ×	Ville.	Provence.

E

Feuilles.			Provinces.
4e. Fle.	EGreville.	Bourg.	Orléanois.
	Entrain.	Ville.	Bourgogne.
5 F.	Estain.	Ville.	Lorraine.
8 F.	Eclaron.	Ville.	Champagne.
10 F.	Estaire.	Bourg.	Flandre.
	Elbœuf.	Ville.	Normandie.
	Evrecy.	Bourg.	Normandie.
14 F.	Ernée.	Bourg.	Le Maine.
15 F.	Essarts (les).	Bourg.	Poitou.
16 F.	Eaure.	Bourg.	Armagnac.
17 F.	Embrun. ×	Ville.	Dauphiné.
18 F.	Entrevaux.	Bourg.	Provence.
	Elne.	Bourg.	Roussillon.

F

Feuilles.			Provinces.
6e. Fle.	FErté Aleps (la)	Ville.	IsledeFrance.
	Flavigny.	Bourg.	Bourgogne.
	Furckheim.	Ville.	Alsace.
7 F.	Fere en Tartenois.	Bourg.	Brie.
	Fauquemõt.	Bourg.	Lorraine.
	Forbach.	Bourg.	Lorraine.
	Fribourg. ×	Ville.	Brisgaw.
9 F.	Fere (la).	Ville.	Picardie.
10 F.	Fournhen.	Bourg.	Flandre.
	Fruges.	Bourg.	Artois.
	Fervacque.	Bourg.	Normandie.
14 F.	Faouet (le).	Bourg.	Bretagne.
	Fougeres.	Bourg.	Bretagne.
15 F.	Fontenay.	Ville.	Poitou.
	Force (la).	Bourg.	Perigord.
	Fleche (la).	Ville.	Anjou.
16 F.	Fontarabie.	Ville.	Basques.
	Fleurence.	Bourg.	Armagnac.
	Fesensac.	Bourg.	Armagnac.
17 F.	Felletin.	Bourg.	Limosin.
	Feurs. ×	Bourg.	Lyonnois.
18 F.	Forcalquier.	Ville.	Provence.
	Frejus.	Ville.	Provence.

G

Feuilles.			Provinces.
2e. Fle.	GUé de Lõgroy.	Bourg.	Beauce.
3 F. 4 F.	Gien. ×	Ville.	Orléannois.
5 F.	Gorze.	Bourg.	Lorraine.
	Gondrecourt.	Bourg.	Lorraine.
6 F.	Gõdrecourt.		
	Gy.	Bourg.	Franch.Cõté.
	Gray.	Ville.	Frãche Côté.
	Grancez.	Bourg.	Champagne.
	Giromagny.	Bourg.	Alsace.
	Gerbeviller.	Ville.	Loraine.
	Guemar.	Bourg.	Alsace.
7 E.	Gandelu.	Bourg.	Brie.
	GivetlaVille.	Ville.	Hainaut.
	Givet N. D.	Ville.	Hainaut.
10 F.	Gorgne.	Bourg.	Flandre.
	Gerberoy.	Bourg.	Normandie.
	Gournay.	Bourg.	Normandie.
	Gisors.	Ville.	Normandie.
	Granville.	Ville.	Normandie.

Feuilles.	*Suite de G.*		*Provinces.*
14e. Fle.	Granville.	Ville.	Normandie.
	Guingamp.	Ville.	Bretagne.
	Guers.	Bourg.	Bretagne.
	Guémené.	Bourg.	Bretagne.
	Gûerande.	Bourg.	Bretagne.
15 F.	Guerche (la).	Bourg.	Bretagne.
	Garnache (la).	Bourg.	Poitou.
	Gimont.	Bourg.	Saintonge.
16 F.	Gironde.	Bourg.	Bazadois.
	Grizolles.	Bourg.	Languedoc.
	Grenade.	Bourg.	Marſan.
	Gabaret. ×	Bourg.	Armagnac.
17 F.	Gannat.	Bourg.	Bourbonnois.
	Grenoble.	Ville.	Dauphiné.
	Gueret. ×	Bourg.	La Marche.
18 F.	Grace.	Ville.	Provence.
	Glandeves.	Ville.	Provence.
	Giniac. ×	Bourg.	Languedoc.
	H.		
4e. Fle.	HEnrichemont.	Bourg.	Berri.
6 F.	Haroue.	Bourg.	Lorraine.
	Huningue.	Ville.	Alſace.
9 F.	Hazebrouck.	Bourg.	Artois.
	Hennin.	Bourg.	Artois.
	Harbonnieres.	Bourg.	Picardie.
10 F.	Huquelieres.	Bourg.	Artois.
	Hondtſchoote.	Bourg.	Flandre.
	Heſdin.	Ville.	Picardie.
	Houdain.	Bourg.	Artois.
	Honfleur.	Ville.	Normandie.
	Hômes (les).	Bourg.	Normandie.
14 F.	Hennebond.	Bourg.	Bretagne.
15 F.	Heriſſon.	Bourg.	Poitou.
18 F.	Hiers.	Ville.	Provence.
	I J.		
2e. Fle.	ILliers.	Bourg.	Beauce.
3 F.	Jargeau.	Ville.	Orléanois.
4 F.	Irancy.	Bourg.	Bourgogne.
5 F.	Jametz.	Bourg.	Clermontois.
6 F.	Jonvelle.	Bourg.	Frăche-Côté.
	Is.	Ville.	Bourgogne.
8 F.	Juſſey.	Bourg.	Franch. Côté.
15 F.	Jarnac.	Ville.	Angoumois.

Feuilles.			*Provinces.*
16e. Fle.	Jugun.	Bourg.	Armagnac.
17 F.	Iſſoir.	Bourg.	Auvergne.
	L.		
4e. Fle.	LIgny.	Bourg.	Champagne.
6 F.	Luiſtre.	Bourg.	Champagne.
	Lorach.	Ville.	Suiſſe.
7 F.	Landeau.	Ville.	Alſace.
9 F.	Lihons.	Ville.	Picardie.
10 F.	Licque.	Ville.	Boulonnois.
	Luchevy.	Bourg.	Picardie.
	Lyons.	Bourg.	Normandie.
14 F.	Lambale.	Ville.	Bretagne.
	Lannion.	Ville.	Bretagne.
	Lanmeur.	Ville.	Bretagne.
	Landiviſiau.	Bourg.	Bretagne.
	Landerneau.	Bourg.	Bretagne.
	Leſneven.	Ville.	Bretagne.
	Locrenau.	Bourg.	Bretagne.
	Laval.		
15 F.	Laval.	Ville.	Maine.
	Luçon.	Ville.	Poitou.
	Luine.	Bourg.	Touraine.
	Langets.	Ville.	Touraine.
	Lude.	Bourg.	Maine.
	Loche.	Ville.	Touraine.
	Luſignant.	Ville.	Poitou.
	Limoges.	Ville.	Limoſin.
	Libourne.	Ville.	Bordelois.
	Leſpare.	Bourg.	Bordelois.
	Loudun. ×	Ville.	Anjou.
	Lion-Dangers. ×	Ville.	Anjou.
16 F.	Langon.	Bourg.	Bazadois.
	Luſignan.	Bourg.	Agenois.
	Leitoure.	Ville.	Agenois.
	Leſcar.	Ville.	Béarn.
	Liſle.	Bourg.	Cominges.
	Lombes.	Ville.	Cominges.
	Lauſerte. ×	Bourg.	Quercy.
17e. Fle.	Limoges.	Ville.	Limoſin.
	Lion.	Ville.	Lyonnois.
	Lent.	Bourg.	Dombes.
	Liberſat.	Bourg.	Limoſin.
18 F.	Lunel.	Bourg.	Languedoc.
	Lambes.	Ville.	Provence.
	Lodeve. ×	Ville.	Languedoc.
	Limoux. ×	Ville.	Languedoc.
	Lodun.	Bourg.	Vivarais.

Feuilles.	M.		Provinces.
3e. Fle.	Montlhery.	Ville.	IſledeFrance.
	Maleſherbes.	Ville.	Beauce.
4 F.	Maleſherb.		
	Montbarr.	Ville.	Bourgogne.
	Melun.	Ville.	IſledeFrance.
	Mailly.	Bourg.	Bourgogne.
6 F.	Marche (la).	Ville.	Lorraine.
	Mirebeau.	Ville.	Bourgogne.
	Marnay.	Ville.	Frăche-Côté.
	Montbard.	Ville.	Bourgogne.
7 F.	Maubeuge.	Ville.	Hainaut.
	Moncornet.	Ville.	Thiérache.
	Mariembourg.	Ville.	Hainault.
	Marle.	Ville.	Thiérache.
	Montmedy.	Ville.	Lorraine.
	Marville.	Ville.	Lorraine.
8 F.	Mõtiérender.	Bourg	Champagne.
9 F.	Marchiennes.	Ville.	Flandre.
	Menin.	Ville.	Pays-Bas.
10 F.	Moreuil.	Ville.	Picardie.
	Montdidier.	Ville.	Picardie.
	Marigny.	Bourg.	Normandie.
	Maineville.	Bourg.	Normandie.
	Meru.	Bourg.	IſledeFrance.
	Marine.	Bourg.	IſledeFrance.
	Maiſy.	Bourg.	Normandie.
	Montebourg.	Ville.	Normandie.
	Mortagne. ×	Ville.	Normandie.
	Mézidon. ×	Ville.	Normandie.
14 F.	Mortain.	Ville.	Normandie.
	Matignon.	Ville.	Bretagne.
	Morlaix.	Ville.	Bretagne.
	Moncontour.	Bourg.	Bretagne.
	Maleſtroit.	Bourg.	Bretagne.
15e. Fle.	Martigné.	Bourg.	Bretagne.
	Machecou.	Bourg.	Bretagne.
	Mans (le).	Ville.	Maine.
	Malicorne.	Bourg.	Maine.
	Mareuil.	Ville.	Poitou.
	Maillezais.	Bourg.	Poitou.
	Marans.	Bourg.	Aunis.
	Moſay.	Bourg.	Saintonge.
	Moiſe.	Bourg.	Aunis.
	Marennes.	Ville.	Aunis.
	Mortagne.	Bourg.	Saintonge.
	Mirambeau.	Bourg.	Saintonge.
	Médoc.	Bourg.	Bordelois.
	Montpont.	Bourg.	Périgord.

Feuilles.			Provinces.
S. de la 15e. Fle.	Mucidon.	Bourg.	Périgord.
	Mareuil.	Bourg.	Périgord.
	Mõt-Morillon.	Ville.	Poitou.
	Montaigu.	Ville.	Poitou.
	Mortagne. ×	Ville.	Poitou.
	Mauléon. ×	Ville.	Poitou.
	Mõt-Soreau. ×	Ville.	Saumurois.
	Martizai. ×	Bourg.	Touraine.
	Magnac. ×	Ville.	Marche.
	Mezier. ×	Bourg.	Touraine.
	Mirebeau. ×	Ville.	Saumurois.
	Mont Saint-Savin. ×	Bourg.	Poitou.
	Montreuil. ×	Ville.	Anjou.
	Motte (la). ×	Bourg.	Poitou.
	Mortemar. ×	Ville.	Marche.
	Mont-Bron. ×	Bourg.	Angoumois.
	Marton. ×	Bourg.	Angoumois.
16 F.	Marſan.	Ville.	Marſan.
	Mas (le).	Bourg.	Bazadois.
	Marmande.	Bourg.	Agenois.
	Magiſtere (la).	Bourg.	Agenois.
	Moiſſac.	Ville.	Quercy.
	Mont-Auban.	Ville.	Quercy.
	Montech.	Bourg.	Languedoc.
	Miremont. ×	Bourg.	Quercy.
	Muret. ×	Ville.	Cominges.
17 F.	Moulin.	Ville.	Bourbonnois
	Maignac.	Ville.	Limoſin.
	Morterol.	Ville.	Limoſin.
	Moiſſiac.	Bourg.	Auvergne.
	Marſigny.	Ville.	Bourgogne.
	Mâcon.	Ville.	Bourgogne.
	Mont-Luet.	Ville.	Breſſe.
	Mont-Briſſon.	Ville.	Forez.
	Moirans.	Bourg.	Dauphiné.
	Marſenac. ×	Bourg.	Auvergne.
	Murat. ×	Bourg.	Auvergne.
	Monpenſier. ×	Ville.	Auvergne.
	Maringues. ×	Bourg.	Auvergne.
	Mande. ×	Ville.	Languedoc.
18 F.	Montdragon.	Ville.	Valentinois.
	Montbrun.	Bourg.	Dauphiné.
	Montpellier.	Ville.	Languedoc.
	Marſeille.	Ville.	Provence.
	N.		
2e. Fle.	Nogent.	Ville.	Perche.
3 F.	Neuville.	Bourg.	Orléanois.

Feuilles.	... de N.		Provinces.
4e. Fle.	Neury.	Bourg.	Champagne.
	Noyers.	Bourg.	Bourgogne.
	Niderheim.	Ville.	Alſace.
6 F.	Neuf-Château.	Ville.	Lorraine.
	Nogent.	Bourg.	Baſſigny.
7 F.	Neuf-Châtel.	Ville.	Laonois.
	Neuf-Château.	Ville.	Lorraine.
	Notre-Dame de Lieſſe.	Ville.	Laonois.
10 F.	Neuf-Bourg-	Bourg.	Normandie.
	Orbie. ×	Ville.	Normandie.
	Notre-Dame de la Délivrance.	Bourg.	Normandie.
14 F.	Nantes. }	Ville.	Bretagne.
15 F.	Nantes. }		
	Noſay.	Bourg.	Bretagne.
	Nontron.	Bourg.	Angoumois.
16 F.	Nogaro.	Bourg.	Armagnac.
18 F.	Niſmes.	Ville.	Languedoc.
	Narbonne.	Ville.	Languedoc.
	Nice.	Ville.	Piémont.
	O.		
3e. Fle.	OLivet.	Bourg.	Orléanois.
	Ozouer.	Bourg.	Orléanois.
4 F.	Ouanne.	Bourg.	Bourgogne.
	Ouzouer.	Bourg.	Orléanois.
9 F.	Orchie.	Ville.	Flandre.
14 F.	Orient (l').	Ville.	Bretagne.
15 F.	Oleron.	Iſle.	Aunis.
	Olonne.	Fort.	Poitou.
16 F.	Oleron. ×	Bourg.	Béarnois.
	Orthez.	Ville.	Béarnois.
17 F.	Ortan.	Bourg.	Frãche-Côté.
18 F.	Orange.	Ville.	Vénaiſſin.
	P.		
3e. Fle.	PIthiviers.	Ville.	Gâtinois.
4 F.	Poix.	Bourg.	Bourgogne.
5 F.	Pont-à-Mouſſon.	Ville.	Lorraine.
6 F.	Peſme.	Ville.	Frãche-Côté.
	Pontœllier.	Ville.	Bourgogne.
7 F.	Philippeville.	Ville.	Hainaut.
8 F.	Plancy.	Bourg.	Champagne.
9 F.	Puperinge.	Bourg.	Flandre.

Feuilles.			Provinces.
10e. Fle.	Pas.	Bourg.	Picardie.
	Poix.	Bourg.	Amiénois.
	Pacy.	Bourg.	Normandie.
	Pont-Audemer.	Ville.	Normandie.
	Pont-l'Evêque.	Ville.	Normandie.
	Pieux (les).	Ville.	Normandie.
14 F.	Pont-Orſon.	Ville	Normandie.
	Pont-Farcy.	Bourg.	Normandie.
	Ploemel.	Bourg.	Bretagne.
	Port-Louis.	Ville.	Bretagne.
	Pont-Croix.	Bourg.	Bretagne.
	Pont-Château.	Bourg.	Bretagne.
	Pouliguen.	Bourg.	Bretagne.
15 F.	Poitiers.	Ville.	Poitou.
	Périgueux.	Ville.	Périgord.
	Partenay. ×	Ville.	Saumurois.
	Pouzanges. ×	Bourg.	Poitou.
	Paluau. ×	Bourg.	Poitou.
16 F.	Pau.	Ville.	Béarn.
	Palais.	Ville.	Béarn.
17 F.	Pont-Gibaut.	Bourg.	Auvergne.
	Pont.	Bourg.	Auvergne.
	Puy (le).	Ville.	Vélay.
	Pradelles. ×	Bourg.	Languedoc.
	Paliſſe. ×	Bourg.	Bourbonnois.
18 F.	Pont-Saint-Eſprit.	Ville.	Valentinois.
	Pezenas.	Ville.	Languedoc.
	Perpignan.	Ville.	Rouſſillon.
	Palme (la).	Bourg.	Languedoc.
	Pertuis. ×	Bourg.	Provence.
	Q.		
9e. Fle.	Quénoy (le).	Ville.	Hainaut.
14 F.	Quintin.	Bourg.	Bretagne.
	Quimperlay.	Ville.	Bretagne.
	Quimpercorentin.	Ville.	Bretagne.
	Quintambert.	Bourg.	Bretagne.
	R.		
2e. Fle.	ROchefort.	Ville.	Iſle de France.
6 F.	Recey.	Bourg.	Bourgogne.
	Remberviller.	Ville.	Lorraine.
	Rosheim.	Ville.	Alſace.

Feuilles.	S. de R.		Provinces.
7e. Fle.	Rumigny.	Ville.	Champagne.
	Rosoy.	Ville.	Thiérache.
	Revin.	Ville.	Hainaut.
9 F.	Ronbaix.	Bourg.	Flandre.
	Rousbrugge.	Bourg.	Flandre.
10 F.	Reully.	Bourg.	Normandie.
14 F.	Rostrenau.	Bourg.	Bretagne.
	Rosporden.	Ville.	Bretagne.
	Rohan.	Bourg.	Bretagne.
	Roche-Bernard (la).	Bourg.	Bretagne.
	Rhedon.	Bourg.	Bretagne.
	Rennes.	Ville.	Bretagne.
15 F.	Rennes.		
	Rochelle (la).	Ville.	Aunis.
	Rochefort.	Ville.	Aunis.
	Rhedon.	Bourg.	Bretagne.
	Royan.	Bourg.	Saintonge.
	Rochechouart.	Ville.	Poitou.
	Rochefoucaut.	Ville.	Angoumois.
	Richelieu. ×	Ville.	Saumurois.
	Romorentin. ×	Ville.	Orléanois.
16 F.	Roquefort.	Ville.	Marsan.
	Rions.	Bourg.	Guyenne.
	Réole (la).	Bourg.	Bazadois.
	Revel.	Bourg.	Languedoc.
	Rieux.	Ville.	Comminge.
17 F.	Riom.	Ville.	Auvergne.
	Roanne.	Ville.	Lyonnois.
	Romans.	Bourg	Dauphiné.
	Rhodes. ×	Ville.	Languedoc.
18 F.	Rivesaltes.	Ville.	Roussillon.
	Riez. ×	Ville.	Provence.
	S.		
3e. Fle.	Sorigny.	Bourg.	Touraine.
4 F.	Saint-Florentin.	Ville.	Champagne.
	Semur.	Ville.	Bourgogne.
	Saint-Julien.	Bourg.	Champagne.
	Saint-Fargea	Bourg.	Bourgogne.
	Sancerre.	Ville.	Berri.
	Saint-Gondon.	Ville. Bourg.	Orléanois.
5 F.	Saint-Mihiel.	Ville.	Lorraine.

Feuilles.			Provinces.
6e. Fle.	Semur.	Ville.	Bourgogne.
	Senones.	Ville.	
	Saint-Loup.	Bourg.	Franch. Côté
	Saint-Hippolyte.	Bourg.	Frăche-Côté
7 F.	Saint-Mihiel.	Ville.	Lorraine.
	Sarrebruck.	Ville.	Nassau.
	Sarreguemine.	Ville.	Lorraine.
	Sarre-Albe.	Ville.	Lorraine.
	Saint-Avold.	Ville.	Lorraine.
8 F.	Sommevoir.	Ville.	Champagne
	Soulaines.	Bourg.	Champagne
9 F.	Saint-Venant.	Ville.	Artois.
	Saint-Amand.	Ville.	Flandre.
	Solesmes.	Bourg.	Flandre.
	Saint-Gobain.	Bourg.	Picardie.
10 F.	Sailly.	Bourg.	Flandre.
	Saint-Riquier.	Bourg.	Amiénois.
	Songeon.	Bourg.	Normandie.
	Saint-Pierre-Eglise.	Bourg.	Normandie.
	Saint-Pierre-Sur-Dive. ×	Ville.	Normandie.
	Saint-Sylvin. ×	Ville.	Normandie.
	Saint-Julien.	Bourg.	Normandie.
	Saint-Lo.	Ville.	Normandie.
14 F.	Saint-Lo.		
	Saint-James.	Ville.	Normandie.
	Saint-Hilaire.	Bourg.	Normandie.
	Saint-Malo.	Ville.	Bretagne.
	Saint-Brieu.	Ville.	Bretagne.
	Saint-Paul de Léon.	Ville.	Bretagne.
	Saint-Nazaire.	Bourg.	Bretagne.
15 F.	Sablé.	Bourg.	Maine.
	Saumur.	Ville.	Saumurois.
	Sainte-More.	Ville.	Touraine.
	Saint-Maixent.	Bourg.	Poitou.
	Saint-Herme.	Bourg.	Poitou.
	Saint-Gilles.	Bourg.	Poitou.
	Soubise.	Ville.	Aunis.
	Saint-Martin.	Ville.	Isle de Rhé.
	Saint-Savinien.	Bourg.	Saintonge.
	Saintes.	Ville.	Saintonge.
	Saint-Junien.	Ville.	Limosin.
	Saint-Estephe.	Bourg.	Bordelois.
	Soulac.	Fort.	Bordelois.
	Sainte-Foy.	Ville.	Périgord.
	St. Germain. ×	Ville.	Marche.

Feuilles.	S. de S.		Provinces.
6e Flle.	Saint-Jean de Luz.	Ville.	Basques.
	St. Macaire.	Ville.	Guienne.
	Souillac.	Ville.	Quercy.
	Sarlat.	Ville.	Périgord.
	St. Bertrand.	Ville.	Cominges.
	St. Gaudens.	Ville.	Néboulan.
	St. Lizier. ×	Bourg.	Conserans.
17 F.	Souillac.	Ville.	Quercy.
	Saint-Flour.	Ville.	Auvergne.
	Semur.	Bourg.	Bourgogne.
	St. Germain.	Bourg.	Lyonnois.
	St. Marcellin.	Bourg.	Forez.
	St. Chamond.	Bourg.	Forez.
	St. Etienne.	Ville.	Forez.
	St. Pourçain.	Bourg.	Auvergne.
	St. Guerand.	Bourg.	Bourbonnois.
	St. Gervais. ×	Bourg.	Auvergne.
	St. Junien. ×	Ville.	Limosin.
	Saussilange. ×	Bourg.	Auvergne.
	St. Agreve. ×	Ville.	Languedoc.
	St. Claude. ×	Ville.	Frâche-Côté.
	St. Marcellin.	Ville.	Dauphiné.
18 F.	Sisteron.	Ville.	Provence.
	Sault.	Bourg.	Provence.
	Saint-Remy.	Bourg.	Provence.
	Saint-Gilles.	Bourg.	Languedoc.
	St. Guillem.	Bourg.	Languedoc.
	Saint-Jean.	Bourg.	Languedoc.
	Salces.	Bourg.	Roussillon.
	Salon.	Bourg.	Provence.
	St. Maximin.	Ville.	Provence.
	Souliers.	Bourg.	Provence.
	St. Tropez.	Ville.	Provence.
	Saint-Pol.	Bourg.	Provence.
	Senez. ×	Ville.	Provence.
	Saint-Pons. ×	Ville.	Languedoc.
	T.		
5e Flle.	THiaucourt.	Bourg.	Lorraine.
6 F.	Thischatel.	Bourg.	Bourgogne.
10 F.	Toucques.	Bourg.	Normandie.
	Thorigny.	Bourg.	Normandie.
	Tatihou, *ou* La Hougue.	Ville.	Normandie.
14 F.	Torigny.	Bourg.	Normandie.
	Treguier.	Ville.	Bretagne.
15 F.	Tours.	Ville.	Touraine.

Feuilles.			Provinces.
16e Flle.	Testes.	Bourg.	Guienne.
	Tonneins.	Bourg.	Agénois.
	Toulouse.	Ville.	Languedoc.
	Tartas.	Ville.	Gascogne.
	Tarbe.	Ville.	Bigorre.
	Tournay. ×	Ville.	Néboufan.
17 F.	Tulle.	Ville.	Limosin.
	Thiers.	Ville.	Auvergne.
	Tarrare.	Bourg.	Lyonnois.
	Trevoux.	Ville.	Dombes.
	Terrasson. ×	Ville.	Limosin.
18 F.	Tarascon.	Ville.	Provence.
	Toulon.	Ville.	Provence.
	U V W.		
18e Flle.	UZès.	Ville.	Languedoc.
3e Flle.	VEndôme.	Ville.	Orléanois.
4 F.	Vezelay.	Bourg.	Bourgogne.
	Varzy.	Bourg.	Nivernois.
5 F.	Varennes.	Ville.	Clermontois.
	Vaubecourt.	Bourg.	Clermontois.
6 F.	Vittel.	Bourg.	Lorraine.
	Villersevel.	Bourg.	Frâche-Côté.
7 F.	Virton.	Ville.	Luxembourg.
10 F.	Venthie.	Bourg.	Flandre.
	Villiers *grand.*	Ville.	Normandie.
	Villers.	Ville.	Normandie.
	Vire.	Ville.	Normandie.
14 F.	Vire.		
	Villers.	Ville.	Normandie.
	Ville Dieu. *la*	Ville.	Normandie.
	Vitré.	Ville.	Bretagne.
	Vannes.	Ville.	Bretagne.
15 F.	Vitré.	Ville.	Bretagne.
	Ville-Dieu(la).	Bourg.	Poitou.
	Vallette (la).	Bourg.	Angoumois.
	Vauvant.	Bourg.	Poitou.
16 F.	Valence.	Bourg.	Agenois.
	Ville-Franche.	Ville.	Languedoc.
	Vic.	Ville.	Bigorre.
	Ville-Frâche. ×	Ville.	Périgord.
17 F.	Verneuil.	Bourg.	Bourbonnois.
	Verpillieres.	Bourg.	Dauphiné.
	Valence.	Ville.	Valentinois.
18 F.	Vaison.	Ville.	Vénaissin.
	Vence.	Ville.	Provence.
	Vabre.	Ville.	Languedoc.
	WEissenbourg.	Ville.	Alsace.

AVIS.

Le sieur DESNOS avertit que ceux qui ont acheté ce premier Volume dans le temps qu'il a commencé à paroître, & qui n'auront pas eu le Supplément du Catalogue desdites Routes, ainsi que les cinq Cartes nouvelles qui ont été gravées depuis, numérotées 14, 15, 16, 17, & 18, en rapportant leur Exemplaire, recevront gratuitement ces Cartes & le Supplément du Catalogue, qui contient 10 pages, afin d'avoir l'Ouvrage complet, tel qu'il est actuellement. Prix broché, 13 liv.

Le second Volume de toutes les Routes des Royaumes Etrangers, qui se vendra séparément de celui-ci, paroîtra dans peu, & sera du même prix pour ceux qui se seront fait inscrire après avoir pris ce premier Volume; & ce second Volume coûtera 6 liv. de plus à ceux qui voudront l'avoir séparément. Plusieurs de ces mêmes Routes se vendent actuellement.

On trouve encore chez le sieur Desnos un autre Ouvrage qui a pour titre: *ATLAS de la France divisée en ses Gouvernements Militaires & en ses Généralités*; subdivisée en toutes ses Provinces & petits Pays: par M. J. D. B. M. D. Revu & corrigé par différents Auteurs dont les Ouvrages sont aussi connus qu'estimés, en 1765; avec toutes les Routes & Chemins de communication d'un endroit à l'autre, & les distances en lieues d'usage dans chaque Province. Ouvrage très-utile aux Commerçants & aux Voyageurs. Quoique ce Volume n'ait pas l'avantage de la Topographie & du Burin des Graveurs modernes, à l'exception d'un certain nombre de Cartes, il intéresse, en ce qu'on voit d'un coup d'œil l'étendue & les bornes de chaque Gouvernement & de chaque Généralité, indépendamment des Routes & des Rivieres navigables. Les Cartes sont proprement lavées & enluminées à la maniere Hollandoise. Ce dernier Volume est du même prix que les précédents.

FIN.

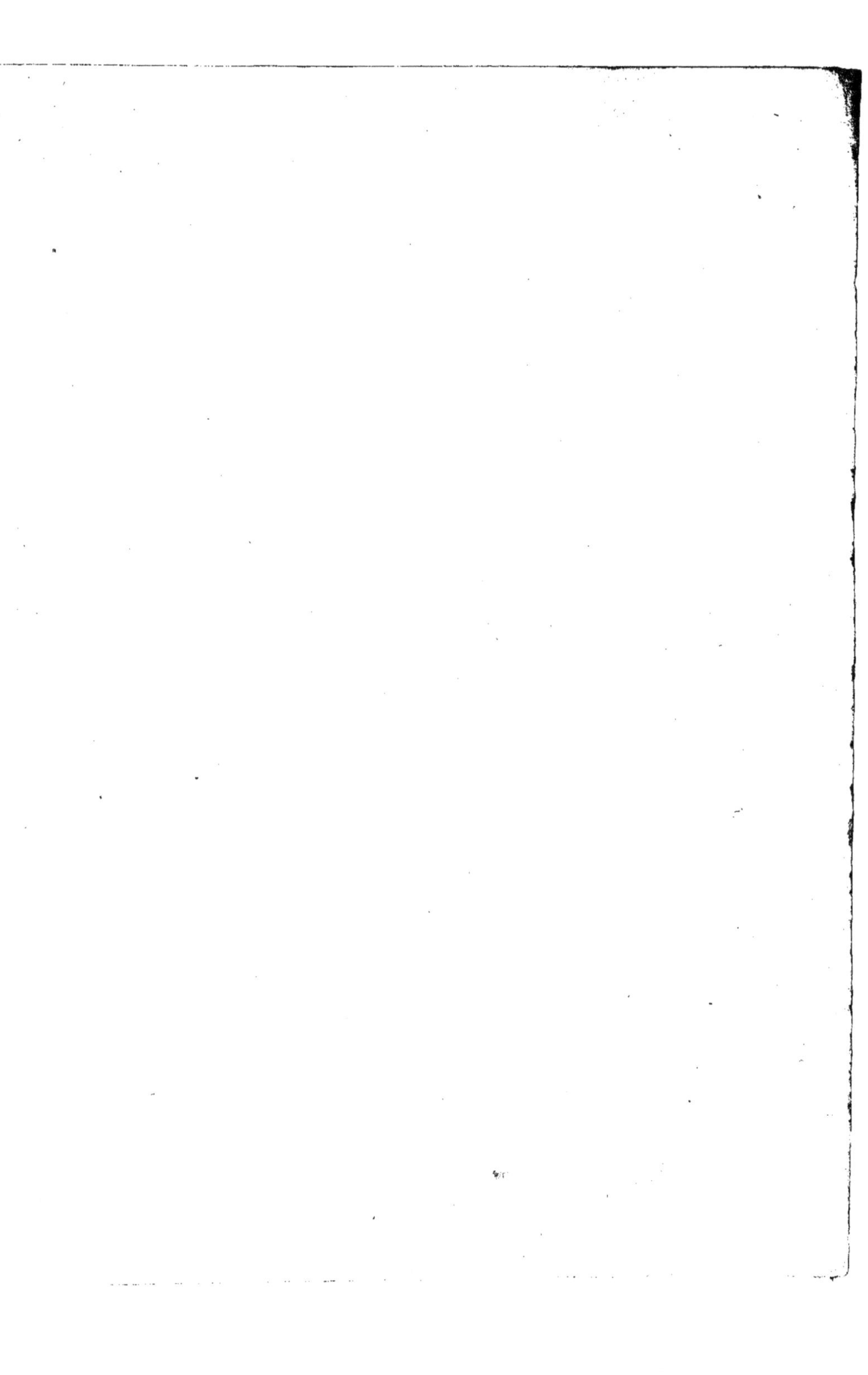

www.ingramcontent.com/pod-product-compliance
Lightning Source LLC
LaVergne TN
LVHW020638200726
843508LV00002B/627